# El Profundizando
## *Guía de estudio – Parte 2*

### Pastor Frank y Samuel Gervasi

MIDWEST CHRISTIAN PUBLISHING

ISBN: 979-8-9936959-0-7

*__En dedicatoria:__ Escrito y dedicado a todo la compañeros en el ministerio y ayuda. Siempre me has felicitado y me has hecho una mejor persona.*

Número de control de la Biblioteca del Congreso: 2025908259

## Introducción:

Ya sea que seas alguien que tiene un buen caminar con el Señor o simplemente quieras acercarte a Cristo. Toda persona de fe se encuentra con la necesidad de una mejor conexión con Dios. Para la persona que se ha desviado, no siempre recordamos cómo sucedió o cómo llegamos a ese punto de nuestro viaje espiritual. Sin embargo, todos estamos en un momento u otro, despertados por la comprensión de que queremos más de Dios.

Recordamos como lo hizo David en los Salmos, tiempos en los que disfrutamos de nuestra relación y nuestra cercanía con Dios. Dice: *"Estas cosas me acuerdo al derramar mi alma: cómo solía ir a la casa de Dios bajo la protección del Poderoso con gritos de alegría y alabanza entre la multitud festiva". (Salmo 42:4)* Entonces, tomamos la decisión y el compromiso de crecer en nuestra fe y presionar con fuerza a Dios una vez más. Todo para experimentar la fe próspera que queremos para nosotros mismos.

Nuestra esperanza y oración es que tome estas próximas 15-30 lecciones con la *Edición de Grupo de la Guía de Estudio Profundizando* y tenga el propósito de presionar con fuerza a Dios a través de estas *Lecciones Interactivas*. Editado y formateado para uso grupal. Cada día tiene un pasaje que ayudará al lector a recordar la fidelidad y la bondad de Dios. La *Gran Idea* para esa *Lección* y pasaje que da el punto principal o principio permanente. Una *reflexión ampliada* en la sección *Insight* con la sección *Aplicación*. Junto con un *desafío semanal* y secciones de oración para solidificar la *lección* y el crecimiento de ese *tema* respectivo. Además, cada *lección* incluye una sección *de profundización* que presenta algún escritor, comentarista o referencia ampliada para el pasaje o las ideas del día, junto con una *sección de respuesta más profunda*.

Esperamos que use y disfrute fielmente la Guía de *estudio Profundizando.*

# Profundizando
## Guía De Estudio – Parte 2
### Por el Pastor Frank y Samuel Gervasi

## Tabla de contenido:

# Lección 16 – Un rey deshonrado

**Versículo para memorizar:** *"Alrededor de las tres de la tarde, Jesús gritó a gran voz: 'Elí, Elí, ¿lema sebachthani?' (que significa 'Dios mío, Dios mío, ¿por qué me has abandonado?')"* **Mateo 27:46, NVI**

## Abierto en oración:

### Introducción:

Una de las personalidades más infames de finales del siglo XIX fue María Antonieta, reina de Francia. Mientras su nación estaba en crisis económica y su gente se moría de hambre, María Antonieta era conocida por su estilo de vida opulento y lujoso. Regularmente celebraba bailes y banquetes en el palacio real y era una generosa mecenas de muchos compositores y músicos. Era una ávida jugadora, a menudo jugaba en exceso, perdiendo y ganando grandes sumas, hasta tal punto que el rey se preocupó y prohibió algunos de los juegos más arriesgados que se estaban tragando fortunas enteras. Y se ha rumoreado que cuando se le dijo que la gente de París no tenía pan, la reina María respondió: "Entonces déjenlos comer pastel".[1] Esta reina supo sacar el máximo provecho de su posición real.

Si bien María Antonieta representa un extremo, se sabe que muchos reyes y reinas disfrutan de los lujos de la realeza, ya sean bienes caros, la alabanza de su pueblo o la obediencia de todas sus órdenes. En Mateo 27, se nos presenta un Rey, el Rey de Reyes, de hecho. Pero este Rey no parece exigir los lujos de Su posición. En cambio, soporta abusos y maltratos inmerecidos a manos de sus súbditos para cambiar el curso de la historia humana para siempre.

"Entonces los soldados del gobernador llevaron a Jesús al pretorio y reunieron a toda la cohorte romana con él. 28 Y le desnudaron y le pusieron un manto rojo. 29 Y después de torcer una corona de espinas, se la pusieron en la cabeza, y pusieron una caña en su mano derecha; y se arrodillaron delante de él y se burlaron de él, diciendo: «¡Salve, Rey de los judíos!» 30 Y le escupieron, y tomaron la caña y le golpearon en la cabeza. 31 Y después de burlarse de él, le quitaron el manto, le volvieron a poner sus vestiduras y le llevaron para crucificarle. 32 Cuando salían, encontraron a un hombre de Cirene llamado Simón, a quien obligaron a llevar su cruz. 33 Y cuando llegaron a un lugar llamado Gólgota, que significa Lugar de la Calavera, 34 le dieron a beber vino mezclado con bilis; y después de probarlo, no quiso beberlo. 35 Y cuando le hubieron crucificado, se repartieron sus vestidos, echando suertes. 36 Y sentándose, comenzaron a velar sobre él allí. 37 Y sobre su cabeza levantaron contra él la acusación, que decía: «ESTE ES JESÚS, EL REY DE LOS JUDÍOS.» 38 En aquel tiempo crucificaban con él a dos rebeldes, uno a la derecha y otro a la izquierda. 39 Y los que pasaban le hablaban injuriosamente, meneaban la cabeza, 40 y decían: «Tú que vas a destruir el templo y reconstruirlo dentro de tres días, ¡sálvate a ti mismo! Si eres el Hijo de Dios, desciende de la cruz". 41 De la misma manera, también los principales sacerdotes, los escribas y los ancianos, se burlaban de él y decían: 42 «A otros salvó; [l]¡Él no puede salvarse a sí mismo! Él es el Rey de Israel; que Él baje ahora de la cruz, y creeremos en Él. 43 Ha confiado en Dios; que Dios lo rescate ahora, si se complace en Él; porque dijo: 'Yo soy el Hijo de Dios'". 44 Y los rebeldes que habían sido crucificados con él también lo insultaban de la misma manera. 45 Y desde la hora sexta, las tinieblas cayeron sobre toda la tierra hasta la hora novena. 46 Y como a la hora novena, Jesús gritó a gran voz, diciendo: «Elí, Elí, ¿lema sabahthani?», es decir: «Dios mío, Dios mío, ¿por qué me has desamparado?» 47 Al oírlo, algunos de los que estaban allí dijeron: Este hombre llama a Elías. 48 Y al instante uno de ellos corrió, y tomando una esponja, la empapó en vinagre, la puso en una caña y le dio de beber. 49 Pero los demás dijeron: «Veamos si Elías viene a salvarlo». 50 Y Jesús volvió a clamar a gran voz, y entregó su espíritu. **(NVI)**

---

<u>Gran idea:</u>   *Cristo nuestro Rey sufrió el ridículo del hombre y el abandono del Padre para que pudiéramos recibir el perdón de Dios.*

---

La realeza de Jesús se reconoce en nuestro texto, pero en el contexto de la burla y el desprecio. Inicialmente, los guardias se burlan de Él en los versículos 28-29: *"Lo desnudaron y le pusieron un manto escarlata, y luego trenzaron una corona de espinas y la pusieron sobre su cabeza. Le pusieron un bastón en la mano derecha. Luego se arrodillaron frente a él y se burlaron de él. '¡Salve, rey de los judíos!', dijeron".*

1. **¿Qué pensamientos te vienen a la mente cuando piensas en lo que los guardias le hicieron a Jesús?** *(Explique sus respuestas)* _____
   _____
   _____
   _____

2. **¿Por qué Jesús tuvo que ir a la cruz?** *(Sea específico)* _____
   _____
   _____
   _____

Luego, mirando hacia atrás a Mateo, las multitudes en Su crucifixión se unen, como vemos en el versículo 42: *"'A otros salvó', dijeron, '¡pero no puede salvarse a sí mismo! ¡Él es el rey de Israel! Que baje de la cruz, y creeremos en él'".* Incluso el letrero sobre la cabeza de Jesús, ESTE ES JESÚS, REY DE LOS JUDÍOS, tiene un tono de burla. Jesús, el Rey del Universo, se humilló más allá de lo creíble por el bien de las mismas personas que lo ridiculizaron.

3. **¿Qué muestran los siguientes versículos acerca del Mesías?**

| | |
|---|---|
| **Jeremías 23:5-6** | |
| **Daniel 7:13-14** | |
| **Daniel 9:25** | |
| **Mateo 16:13-16** | |
| **Juan 4:25-26** | |

Pero de todo lo que Jesús soportó, lo peor no fue el rechazo de la gente, sino el rechazo del Padre, Aquel que lo había enviado. Los versículos 45-46 dicen: *"Desde el mediodía hasta las tres de la tarde vino oscuridad sobre toda la tierra. Hacia las tres de la tarde, Jesús gritó a gran voz: «Elí, Elí, ¿lema sebachthani?» (que significa 'Dios mío, Dios mío, ¿por qué me has abandonado?')"* Dios el Padre tuvo que darle la espalda a Cristo, porque para ese tiempo, los pecados del mundo fueron puestos sobre Él. 2 Corintios 5:21 lo describe así: *"Hizo pecado por nosotros al que no conoció pecado, para que fuésemos hechos justicia de Dios en él".* (NVI)

**4. ¿Qué revelan los siguientes versículos sobre el pecado?**

| | |
|---|---|
| **Levítico 5:13** | |
| **Mateo 5:30** | |
| **Mateo 9:6** | |
| **Juan 1:29** | |
| **Romanos 2:12** | |
| **2 Corintios 5:21** | |

El ridículo y el sufrimiento de Jesús terminan en el versículo 50: *"Y cuando Jesús volvió a clamar a gran voz, entregó su espíritu".* (NVI)

¿Por qué es esto importante para nosotros? ¡Porque a través de todo este maltrato que Jesús recibió, y a través de la ofrenda de su vida, la muerte había sido vencida! El Cordero inmaculado, que ha quitado los pecados de los pecados del mundo, pagó el precio final por una humanidad perdida. Cristo hizo un sacrificio aceptable para cubrir nuestros pecados de una vez por todas, y para reconciliarnos con Dios el Padre.

Debido a que Jesús soportó el ridículo de las personas y el rechazo del Padre, abrió un camino para restaurar nuestra relación con Dios. Y es por eso que Él es digno de ser llamado el Rey de Reyes.

<table>
<tr><td>Desafiar:</td></tr>
</table>

¿ENTIENDO Y APRECIO LO QUE JESÚS HIZO EN LA CRUZ? _____
_____
_____

¿CÓMO PUEDO VIVIR EN GRATITUD HOY? _____
_____
_____

¿EN QUÉ ÁREAS NO ME HE ARRIOSTRADO EN LAS QUE MORÍ? _____
_____
_____

## *Profundizando:*

El versículo 34 nos dice que los soldados romanos le ofrecieron a Jesús vino mezclado con hiel. Algunas versiones usan la palabra mirra en lugar de hiel. La mirra, o hiel, era una especia derivada de plantas nativas del desierto de Arabia y partes de África. A veces se daba vino con mirra a las víctimas de la crucifixión para amortiguar el dolor, y los soldados romanos se lo ofrecían a Jesús, aparentemente por lástima. Esto ocurrió para cumplir la profecía del Salmo 69:21: *"Pusieron hiel en mi comida y me dieron vinagre para mi sed"*. El versículo 35 agrega que los soldados apostaron por la ropa de Jesús, en cumplimiento de la profecía que se encuentra en el Salmo 22:18: *"Se repartieron mis vestidos, y echaron suertes sobre mi vestido"*.

<table>
<tr><td>Respuesta más profunda:</td></tr>
<tr><td>HAZ UNA LISTA DE LAS ÁREAS DE TU VIDA QUE DAS POR SENTADO, POR LAS QUE CRISTO MUERE. LUEGO OFRÉCELOS EN PRYAER A DIOS, AGRADÉCELE QUE HAYA SOPORTADO TANTO.....</td></tr>
</table>

**Orar:** *Agradeciendo a Dios por la humillación que soportó para que yo fuera perdonado...*

———————————————

*Lección escrita por el pastor Frank y Samuel Gervasi*

———————————————

## Obras citadas:

1. Adaptado de https://en.chateauversailles.fr/discover/history/great-characters/marie antoinette#a-queen-at-the-court, consultado el 20/03/2025

# Lección 17 - Los beneficios de un espíritu agradecido/alegre

**Versículo para memorizar:** *"Doy gracias a mi Dios cada vez que me acuerdo de ti. En todas mis oraciones por todos ustedes, siempre rezo con alegría".*
**Filipenses 1:3-4, NVI**

## Abierto en oración:

### Introducción:

En su libro, The Hiding Place, "Corrie Ten Boom relata un incidente que le enseñó a estar agradecida por cosas por las que normalmente no estaríamos agradecidos. Ella y su hermana, Betsy, prisioneras de los nazis, acababan de ser trasladadas al peor campo de prisioneros que habían visto hasta entonces, Ravensbrück. Al entrar en los barracones, los encontraron extremadamente hacinados e infestados de pulgas. Su lectura de las Escrituras de su Biblia de contrabando esa mañana........ les había recordado que siempre se regocijaran, oraran constantemente y dieran gracias en todas las circunstancias. Betsy le dijo a Corrie que se detuviera y agradeciera al Señor por cada detalle de su nueva vivienda. Al principio, Corrie se negó rotundamente a dar gracias por las pulgas, pero Betsy persistió. Corrie finalmente accedió a agradecer de alguna manera a Dios incluso por las pulgas. Durante los meses que pasaron en ese campamento, se sorprendieron al descubrir cuán abiertamente podían celebrar estudios bíblicos y reuniones de oración en su cuartel sin interferencia de guardias. Varios meses después se enteraron de que los guardias no entrarían en el cuartel debido a las pulgas". [1]

El agradecimiento produce mucho en la vida de una persona al ver el bien, incluso cuando las circunstancias no justifican la alegría.

Leer: ***Filipenses 1:3-11***

*«Doy gracias a mi Dios en todo lo que me acuerdo de vosotros, 4 orando siempre con alegría en cada una de mis oraciones por todos vosotros, 5 en vista de vuestra participación en el evangelio desde el primer día hasta ahora. 6 Porque en esto mismo confío: que el que comenzó la buena obra entre vosotros, la perfeccionará para el día de Cristo Jesús. 7 Porque es justo que yo sienta esto por todos vosotros, porque os tengo en mi corazón, ya que tanto en mi encarcelamiento como en la defensa y confirmación del evangelio, todos vosotros sois partícipes de la gracia conmigo. 8 Porque Dios es testigo de cuánto os deseo a todos vosotros con el afecto de Cristo Jesús. 9 Y esto ruego, que vuestro amor rebosa aún más y más en verdadero conocimiento y en todo discernimiento, 10 para que descubráis lo mejor, para que seáis sinceros e irreprensibles para el día de Cristo; 11 habiendo sido llenos del fruto de justicia que viene por medio de Jesucristo, para gloria y alabanza de Dios.* (**NVI**)

**Gran idea:** *Un espíritu agradecido y alegre producirá frutos espirituales y llevará a querer lo mejor de los demás.*

Una mentalidad agradecida llevará a querer lo mejor de los demás, especialmente de aquellos con los que estamos cerca. Porque revela algo importante sobre una persona que está agradecida y alegre, que el hijo de Dios que camina en el Espíritu y encuentra su gozo en Cristo, y que quiere ver cosas buenas en la vida de los demás. Que es exactamente lo que el apóstol Pablo quería para la iglesia en Filipos. De hecho, en los versículos 7-8 del pasaje de hoy dice: *"Es justo que me sienta así por todos ustedes, ya que los tengo en mi corazón y, ya sea que esté encadenado o defendiendo y confirmando el evangelio, todos ustedes comparten conmigo la gracia de Dios. 8 Dios puede dar testimonio de cuánto los anhelo a todos ustedes con el afecto de Cristo Jesús.* (NVI)

**1. ¿Por qué mantener una mentalidad agradecida parece un desafío a veces?** *(Explique sus respuestas)* _____

_____

_____

_____

**2. ¿Ser agradecido es otra forma de ser positivo?** *(Explicar)* _____

_____

_____

_____

Me encontré pensando que lo que el apóstol oró por la iglesia en Filipos no es realmente algo común para la persona promedio. Sin embargo, para el apóstol Pablo y la iglesia de Filipos en Asia, es comprensible.

Porque se decía que se trataba de una plantación de iglesia que fue ---junto con amigos suyos- de su segundo viaje misionero. Y también fue la primera iglesia cristiana establecida en Europa. Entonces, tenía una profunda conexión y afecto por ellos, y también quería ver a los mejores.

**3. ¿Qué destaca en los siguientes versículos acerca del agradecimiento?**

| Levítico 22:29 | |
|---|---|
| 1 Samuel 2:1 | |
| 1 Crónicas 16:8 | |
| 1 Crónicas 16:34 | |
| Salmos 7:17 | |
| Salmos 9:1 | |

**4. ¿Cuándo es más difícil para las personas estar agradecidas?** *(Sea específico)* _____

_____

_____

_____

**5. ¿Cuáles son las razones que todos pueden encontrar para estar agradecidos?** *(Sea específico)*

a. _____ b. _____

c. _____ d. _____

e. _____

Además, si nos fijamos en los versículos 9-10, parte del deseo del apóstol Pablo se mostraba porque dice: *"Y esta es mi oración: que vuestro amor abunde más y más en conocimiento y profundidad de entendimiento, 10 para que podáis discernir lo que es mejor, y seáis puros e irreprensibles para el día de Cristo".*

Primero, fue el crecimiento en el amor, que es un creciente *"amor fraternal"* entre ellos y por quienes los rodean. Pero no solo un poco, porque la idea detrás de la palabra es esta: *"exceder un número fijo de compases, quedar por encima de un cierto número o medida".2* A continuación, fue el crecimiento en el conocimiento.

El amor es más que este sentimiento de afecto blando y pegajoso por alguien. El amor siempre debe basarse en la verdad. La idea aquí es *el amor que es correcto y preciso.*

**6. ¿Qué implican los siguientes versículos acerca de la gratitud?**

| | |
|---|---|
| **Salmos 30:12** | |
| **Salmos 35:18** | |
| **Salmos 69:30** | |
| **Hechos 27:34-36** | |
| **Romanos 7:24-25** | |
| **2 Corintios 9:14-15** | |

> *"Un espíritu de agradecimiento es una de las marcas más distintivas de un cristiano cuyo corazón está en sintonía con el Señor". (Billy Graham)* [3]

Luego también el apóstol Pablo menciona el crecimiento en la perspicacia. Que la iglesia de Filipos crecería en discernimiento. Lo que implica *"percepción, no solo por los sentidos sino por el intelecto".* [2] Entonces, básicamente, que crecieran en el amor, mientras usaban todos sus sentidos.

| Desafiar: |
|---|
| ¿QUÉ TAN AGRADECIDO ESTOY HOY POR AQUELLOS QUE DIOS HA PUESTO EN MI VIDA? _____ _____ _____ <br><br> ¿CÓMO PUEDO ORAR POR LAS PERSONAS CERCANAS A MÍ? _____ _____ _____ <br><br> ¿CÓMO PUEDO EXPRESAR MI GRATITUD A LOS QUE ESTÁN EN MI VIDA? (SEA ESPECÍFICO) _____ _____ _____ |

## Profundizando:

La alegría y la gratitud son rasgos y mentalidades que pueden ayudar a una persona de maneras inesperadas. De hecho, el apóstol Pablo escribió la carta a la iglesia en Filipos en un momento en que normalmente no se veía gozo. El apóstol Pablo estaba bajo arresto domiciliario cuando escribió esta carta. Así como varias otras cartas y epístolas conocidas como sus

Epístolas de la prisión. La vergüenza puede haberse sentido y visto porque la gente en el mundo romano consideraba que el encarcelamiento era vergonzoso.

La **Biblia de Estudio de Antecedentes Culturales de Zondervan** señala:
*"1:7 'Te tengo en mi corazón'. Las cartas entre amigos a menudo enfatizaban que cada uno compartía las penas del otro.*
*La defensa y la vindicación de Pablo por el evangelio también tendrían relevancia para su seguridad (ver nota sobre el versículo 25)'. Estoy encadenado'. La mayoría de la gente se avergonzaba de estar asociada con alguien encadenado o bajo custodia del gobierno romano. Este podría ser particularmente el caso de Filipos, que enfatizó sus estrechos vínculos con Roma, y donde Pablo ya había sido acusado públicamente de socavar el orden y las costumbres romanas de las que Filipos estaba particularmente orgulloso (Hch 16:20-22)".* [4]

| Desafío de profundizar |
| --- |
| ESCRIBE EL SALMO 100 CON TUS PROPIAS PALABRAS Y CONVIÉRTELO EN UNA ORACIÓN PERSONAL A DIOS.... |

**Orar: *Pedirle a Dios que me ayude a crecer en Agradecimiento y Gozo...***

---

***Lección escrita por el pastor Frank y Samuel Gervasi***

---

## Obras citadas:

1. El escondite, Libros elegidos, 1971
2. Biblia interlineal, https://www.biblestudytools.com, consultado el 10/04/2024)
3. Goodreads, www.goodreads.com, consultado el 20/03/2025.
4. Biblia de estudio cultural de Zondervan, Bible Gateway Plus, www.biblegateway.com, consultado el 20/03/2025.

## Lección 18 – Palabra a los sabios

---

**Versículo para memorizar:** *"Mi mensaje y mi predicación no fueron con palabras sabias y persuasivas, sino con demostración del poder del Espíritu, para que vuestra fe no descanse en la sabiduría humana, sino en el poder de Dios".* **1 Corintios 2:4-5, NVI**

---

## Abierto en oración:

---

### Introducción:

En 2004, una pintura de Anna Mary Robertson, más conocida como Grandma Moses, fue llevada al Antiques Roadshow para su evaluación. Nacida antes de la Guerra Civil, Robertson no comenzó a pintar hasta el final de su vida. Su estilo primitivo finalmente se hizo extremadamente popular y su trabajo tuvo un alto precio. El hombre que trajo la pintura para ser evaluada había vivido cerca y su madre era amiga de la abuela Moses. Dijo: "Ella era una amiga maravillosa de la familia. Y dejaba que mi madre comprara estas pinturas, que pensaba que tenían relativamente poco valor. Supongo que mi madre también lo hizo. Probablemente compró ocho o diez cuadros en total, y supongo que sería por menos de diez dólares cada uno. 1 ¡La pintura que se compró por alrededor de $ 10 fue tasada con un valor de $ 60,000!

---

A veces, las cosas que Dios revela en Su Palabra como sabiduría parecen una locura para el mundo. Valoramos algo de gran valor como de poco valor, porque los mandamientos de Dios parecen extremos, nos hacen sentir incómodos o incluso desafían el sentido común. Pero debido a que Dios es el origen de toda sabiduría, la sabiduría que Él ha revelado en Cristo siempre resultará superior a la sabiduría que la cultura respalda.

Leer: *1 Corintios 2:1-8*

*"Y cuando vine a ustedes, hermanos, no vine como alguien superior en capacidad de hablar o sabiduría, como les anuncié el testimonio de Dios. 2 Porque me propuse no saber nada entre vosotros sino a Jesucristo, y a éste crucificado. 3 Yo también estuve con ustedes en debilidad y temor, y en gran temblor, 4 y mi mensaje y mi predicación no fueron con palabras persuasivas de sabiduría, sino con demostración del Espíritu y de poder, 5 para que su fe no descansara en la sabiduría de los hombres, sino en el poder de Dios. 6 Sin embargo, hablamos sabiduría entre los que son maduros; una sabiduría, sin embargo, no de este siglo ni de los gobernantes de este siglo, que están pasando; 7 sino que hablamos la sabiduría de Dios en un misterio, la sabiduría oculta que Dios predestinó antes de los siglos para nuestra gloria; 8 la sabiduría que ninguno de los gobernantes de este siglo ha entendido; porque si lo hubieran entendido, no habrían crucificado al Señor de gloria".* **(NVI)**

Note en nuestro pasaje que esta sabiduría con la que el apóstol Pablo presentó el Evangelio a los corintios fue mal vista por la sabiduría de ese tiempo: *"Sin embargo, hablamos un mensaje de sabiduría entre los maduros, pero no la sabiduría de este siglo ni de los gobernantes de este siglo que se están desvaneciendo".* ***(NVI, énfasis añadido)***

---

Gran idea: *Jesús es el centro y el punto de partida de la sabiduría, por lo que debemos comenzar con Él si queremos adquirirla.*

---

1. **¿Cuál consideraría usted la sabiduría de esta época?** *(Explique)* ____
   _____
   _____
   _____

2. **¿Cuál es la diferencia entre la sabiduría del mundo y la sabiduría de Dios?** *(Explique sus respuestas)* _____

_____

_____

_____

La *"sabiduría de este siglo"* es simplemente el entendimiento de Dios por parte de una persona sin la ayuda del Espíritu Santo. Piense en cómo la mente humana se ve tan fácilmente afectada por el autoengaño; Es fácil convencernos de que alguna idea o decisión es correcta, solo para terminar equivocándose. En cambio, el apóstol Pablo confió en la sabiduría de Dios, *"un misterio que estaba oculto y que Dios destinó para nuestra gloria antes de los siglos"* (v. 7).

3. **¿Qué implican los siguientes versículos acerca de la sabiduría?**

| | |
|---|---|
| **Deuteronomio 34:9** | |
| **1 Reyes 3:28** | |
| **1 Reyes 4:29** | |
| **Salmos 51:6** | |
| **Salmos 104:24** | |
| **Salmos 111:10** | |

Perspicacia: *La obra del Espíritu Santo es la sabiduría de Dios, y podemos confiar en cómo esa sabiduría se manifiesta y se nos revela a través de Él.*

4. **¿Cuáles son las razones por las que las personas pueden confiar en la sabiduría del hombre en lugar de en la sabiduría de Dios?** *(Sea específico)*

a. _____    b. _____

c. _____    d. _____

Porque Cristo es el centro de la verdadera sabiduría. Dado que Dios es el creador y el origen de todas las cosas buenas, incluida la sabiduría, no podemos experimentar toda su extensión sin Jesús como nuestro fundamento y punto de partida. El apóstol Pablo *"resolvió no saber nada... excepto Jesucristo y él crucificado".* Pablo entendió que quién es Cristo y lo que enseñaba era todo lo que se necesitaba, y que la sabiduría del mundo no podía compararse. Y lo mismo es cierto para nosotros.

**5. ¿Qué muestran los siguientes versículos acerca de la sabiduría?**

| | |
|---|---|
| **Proverbios 29:3** | |
| **Eclesiastés 7:12** | |
| **Isaías 29:14** | |
| **Jeremías 9:23** | |
| **Lucas 2:52** | |
| **1 Corintios 1:18** | |

Proverbios 1:7 dice esto: *"El principio del conocimiento es el temor de Jehová, pero los necios desprecian la sabiduría y la instrucción".* Que Jesús sea nuestro punto de partida hoy.

---

### Desafiar:

¿DÓNDE BUSCO SABIDURÍA? _____
_____
_____

¿CÓMO PUEDO CRECER EN LA SABIDURÍA DE DIOS? _____
_____
_____

¿QUÉ ME FALTA SABIDURÍA? _____
_____
_____

---

## *Profundizando:*

En el **Comentario Bíblico Moody,** Michael G. Vanlaningham señala cómo la sabiduría que se encuentra en Cristo está disponible para todos los que creen en Él: *"**Maduro** (v. 6) se refiere a todos los creyentes, no a unos pocos perspicaces. Es posible que por la palabra **maduro** Pablo se refiera a "cristianos maduros o espirituales" en oposición a los creyentes carnales, pero solo hay dos categorías de personas que se encuentran en 2:1-14, a saber, aquellos que son puramente seculares... y aquellos que son cristianos (ver los muchos pronombres y verbos en primera persona que se encuentran [en el pasaje] aquí). Además, es muy poco probable que Pablo oculte verdades espirituales relacionadas con Cristo a los creyentes inmaduros. **Maduro** aquí es el término que usó para la categoría de todos aquellos que creen en Jesucristo frente al mundo".* número arábigo

| Desafío de profundizar |
|---|
| ESCRIBE LA ÚLTIMA DECISIÓN QUE TOMASTE. ¿CALIFICARLO DEL 1 AL 10 PARA VER SI FUE SABIO O NO? DESCRÍBELO PODRÍA HABER SIDO MEJORADO O MÁS SABIO ... |

*Orar: Pedirle a Dios que me ayude a hacer de Él mi punto de partida para la sabiduría, y elegir obedecerlo incluso cuando no lo entiendo...*

---

*Lección escrita por el pastor Frank y Samuel Gervasi*

---

1. Antiques Road Show, https://www.pbs.org/show/antiques-roadshow, consultado el 20/03/2025.
2. Comentario bíblico de Moody, Moody Publishers, Chicago, 2014

# Lección: 19 – La sumisión bíblica del hogar

---

**Versículo para memorizar:** *"Sométanse unos a otros por reverencia a Cristo".* **Efesios 5:21, NVI**

---

## Abierto en oración:

### Introducción:

Los cinturones de seguridad pueden ser una molestia. Algunas personas simplemente no quieren que las molesten incluso cuando la ley les exige que se abrochen el cinturón. Según Associated Press, un neozelandés llamado Ivan Segedin lo llevó al extremo. "La policía lo multó 32 veces durante cinco años por no usar el cinturón de seguridad. A pesar de que esto le estaba costando mucho dinero, Segedin se negó a abrocharse el cinturón. Finalmente, en lugar de obedecer la ley, el hombre decidió confiar en el engaño. Hizo un cinturón de seguridad falso que colgaba sobre su hombro e hizo que pareciera que estaba usando un cinturón de seguridad cuando no lo estaba. Su truco funcionó por un tiempo. Luego, tuvo una colisión frontal. Fue arrojado hacia adelante sobre el volante y murió". [1]

Las decisiones que tomamos pueden tener graves consecuencias. Dios ha explicado estándares para las estructuras de las familias en la Biblia también para asegurar problemas mínimos.

Leer: **_Efesios 5:21-6:4_**

*"Sométanse unos a otros por reverencia a Cristo. 22 Esposas, sométanse a sus propios maridos como lo hacen al Señor. 23 Porque el marido es cabeza de la mujer, como Cristo es cabeza de la iglesia, su cuerpo, del cual él es el Salvador. 24 Ahora bien, así como la iglesia se somete a Cristo, así también las esposas deben someterse a sus maridos en todo. 25 Maridos, amad a vuestras mujeres, así como Cristo amó a la iglesia y se entregó a sí mismo por ella, 26 para santificarla, purificándola en el lavamiento con agua por medio de la palabra, 27 y presentándola a sí mismo como una iglesia radiante, sin mancha ni arruga ni mancha alguna, sino santa e irreprensible. 28 De la misma manera, los esposos deben amar a sus esposas como a sus propios cuerpos. El que ama a su esposa se ama a sí mismo.*

*29 Después de todo, nadie ha odiado jamás su propio cuerpo, sino que lo alimenta y lo cuida, así como Cristo lo hace con la iglesia, 30 porque nosotros somos miembros de su cuerpo. 31 Por eso dejará el hombre a su padre y a su madre, y se unirá a su mujer, y los dos serán una sola carne. [b] 32 Este es un misterio profundo, pero estoy hablando de Cristo y de la iglesia. 33 Sin embargo, cada uno de ustedes también debe amar a su esposa como se ama a sí mismo, y la esposa debe respetar a su esposo. 6:1 Hijos, obedeced a vuestros padres en el Señor, porque esto es justo. 2 «Honra a tu padre y a tu madre», que es el primer mandamiento con una promesa, 3 «para que te vaya bien y disfrutes de una larga vida sobre la tierra». 4 Padres, no exasperéis a vuestros hijos; más bien, críelos en la disciplina y la instrucción del Señor". (NVI)*

---

**Gran idea:** *las familias tienen responsabilidad mutua entre miembros de ese hogar*

---

Todas las familias tendrán esta importante característica, evidente en su estructura. Especialmente, si van a tener éxito y dar fruto, eso es consistente con el plan de Dios para ellos. Si cada persona de una familia no comprende esta estructura, no tendrá una base sólida sobre la que apoyarse o tener éxito.

**1. ¿Cuáles podrían ser algunas de las razones por las que Dios le da una alta prioridad a las familias?** *(Explique sus respuestas)* _____

_____

_____

_____

**2. ¿Cuáles son las formas en que nuestra cultura trata de redefinir a las familias hoy?** *(Sea específico)* _____

_____

_____

_____

En el pasaje de hoy, el apóstol Pablo, en su carta a la iglesia de Éfeso, estaba dando estándares bíblicos para los hogares cristianos.

En el versículo 21 dice: *"Sométanse unos a otros por temor a Cristo".* Dándonos un estándar de dos partes que es importante. Primero, esta es la idea de la sumisión. Y desde un punto de vista gramatical, significa literalmente: *"arreglar debajo, subordinar".* Sin embargo, también se usa como un término militar griego que significa: *"organizar [divisiones de tropas] de manera militar bajo el mando de un líder".* <sup>número arábigo</sup>

**3. ¿Qué muestran los siguientes versículos acerca de las familias?**

| | |
|---|---|
| **Génesis 18:19** | |
| **2 Reyes 8:27** | |
| **1 Crónicas 16:43** | |
| **Efesios 3:14-15** | |
| **1 Timoteo 5:8** | |

Además, mirando hacia atrás en Efesios, vemos que la sumisión tenía un tercer uso de manera no militar: *"una actitud voluntaria de ceder, cooperar, asumir la responsabilidad y llevar una carga".* *2* Entonces, en esencia, el apóstol Pablo estaba insinuando que las familias estaban estructuradas bíblicamente de esa manera. Cada uno tiene roles y expectativas claramente definidos en un orden particular.

**4. ¿Cuáles son las razones por las que las familias pueden dividirse?**
*(Sea específico)*

a. _____  b. _____

c. _____

---

*"¿Cuál es el mayor obstáculo que enfrenta la familia en este momento? Es un compromiso excesivo, una presión de tiempo. No hay nada que destruya la vida familiar de manera más insidiosa que los horarios agitados y las vidas ocupadas, donde los cónyuges están demasiado agotados para comunicarse, demasiado agotados para tener relaciones sexuales, demasiado fatigados para hablar con los niños".* **(James Dobson)** [3]

---

**Perspicacia:** *Una familia cristiana en última instancia tiene una responsabilidad ante Cristo mismo.*

---

**5. ¿Cuáles pueden ser las desventajas de no poner a Dios en el centro de una familia?** *(Explique)* _____

_____

_____

Sin embargo, además de ese aspecto de la sumisión, el segundo aspecto que realmente está arraigado en el por qué se supone que debemos someternos unos a otros. ¡Y eso es por Cristo mismo! Si miramos la segunda parte del versículo 21, dice: *"Por temor a Cristo".* Con parte de eso, reconocer que Cristo nos está dando la mejor manera de vivir con éxito como familias. Siguiendo los patrones establecidos en la Biblia, incluido este pasaje de hoy.

## 6. ¿Qué responsabilidades familiares se destacan en los siguientes versículos?

| | |
|---|---|
| **Deuteronomio 6:6-9** | |
| **Proverbios 22:6** | |
| **1 Timoteo 5:4** | |
| **1 Juan 4:21** | |

---

### Desafiar

¿CÓMO PUEDE FUNCIONAR CORRECTAMENTE UNA FAMILIA SI TODOS TIENEN DIFERENTES METAS Y SE MUEVEN EN DIFERENTES DIRECCIONES_____

_____

_____

¿CÓMO PODEMOS SER EL MEJOR MIEMBRO DE LA FAMILIA DONDE DIOS NOS HA COLOCADO? _____

_____

_____

¿ME ESTOY SOMETIENDO EN REVERENCIA A CRISTO? _____

_____

_____

---

### Profundizando:

Cualquiera que sea nuestro papel en la familia, debemos entender la sumisión y rendirnos unos a otros para su buen funcionamiento. La ***Biblia de Estudio Wiersbe de la NKJV*** dice: *"Es solo a través del poder del Espíritu Santo que podemos caminar en armonía..... la unidad del pueblo de Dios que Pablo describió (4:1-16) debe traducirse en la vida diaria si queremos disfrutar de la armonía que es un anticipo del cielo en la tierra. Si nuestros hogares han de ser un cielo en la tierra, entonces debemos ser controlados por el Espíritu Santo".* **4**

## Desafío de profundizar

**SIÉNTATE CON TU FAMILIA Y ESCRIBE LOS DIFERENTES ROLES EN TU ESTRUCTURA ACTUAL Y LUEGO ESCRIBE LO QUE PODRÍAS HACER MEJOR.**

*Ora pidiéndole a Dios que te ayude a ser el mejor miembro de la familia que puedas ser......*

_____

*Lección escrita por el pastor Frank y Samuel Gervasi*

_____

### Obras citadas:

1. https://www.sermoncentral.comhttps//www.sermoncentral.com/sermon-illustrations/70702/fake-seatbelts-and-submission-by-sermon-central, consultado el 13/10/2024)
2. Biblia interlineal, biblestudytools.com, consultado el 20/03/2025.
3. Citas de James Dobson, https://www.azquotes.com/author/4018-James_Dobson#google_vignette, consultado el 17/04/2025.
4. Biblia NKJV Wiersbe, Copyright 2021, Thomas Nelson.

## Lección 20 – Dejar ir

*"Esposas, sométanse a sus esposos como lo hacen con el Señor".*
Efesios 5:22, NVI

## Abierto en oración:

### Introducción:

"Según Associated Press, el 14 de diciembre de 1996, un carguero de granos de 763 pies se dirigía por el Mississippi en Nueva Orleans, Louisiana, cuando perdió el control, se desvió hacia la orilla y se estrelló contra un centro comercial junto al río. En ese momento, el Riverwalk Mall estaba lleno de unos 1,000 compradores, y 116 [de ellos] personas resultaron heridas [en el naufragio del carguero]. Después de investigar el accidente durante un año, la Guardia Costera informó que el carguero había perdido el control porque el motor se había apagado. El motor se había apagado debido a la baja presión del aceite. La presión de aceite era baja debido a un filtro de aceite obstruido. Y el filtro de aceite estaba obstruido porque la tripulación del barco no había mantenido el motor correctamente". [1]

A veces, si algo se gestiona y se ejecuta de una manera para la que no fue diseñado, los errores más pequeños pueden tener consecuencias desastrosas. Lo mismo ocurre con la relación matrimonial.

### Leer: *Efesios 5:22-24*

*"Esposas, sométanse a sus propios maridos como lo hacen con el Señor. 23 Porque el marido es cabeza de la mujer, como Cristo es cabeza de la iglesia, su cuerpo, del cual él es el Salvador. 24 Ahora bien, así como la iglesia se somete a Cristo, así también las esposas deben someterse a sus maridos en todo. (NVI)*

**1. ¿Qué te viene a la mente cuando escuchas la palabra "someterse"? (Explique)** _____

_____

_____

_____

Versículos como el que leemos hoy en día se han convertido en tabú en la cultura moderna. Y hasta cierto punto, es fácil ver por qué. Este pasaje ha dado a luz a enseñanzas erróneas, deseos egoístas de control y resistencia a los principios en cuestión. Sin embargo, el hecho de que este pasaje haya sido malinterpretado, no cancela ni anula los roles de Dios para el hogar cristiano.

Quizás el calificativo en el versículo 22, *"como lo hacéis en el Señor"*, nos ayuda a entender la sumisión como Dios la quiso.

**2. ¿Cuáles son las diferentes formas en que nos sometemos a Cristo?**

**un.** _____

**b.** _____

**c.** _____

Cuando nos sometemos a Cristo, Él no se aprovecha de nosotros. Él no nos trata como a un don nadie insignificante. Él no nos trata como sus esclavos. Más bien, somos de un valor infinito para Dios, y el propósito de la vida, el ministerio y la muerte de Jesús fue *"... por **la libertad** que Cristo os ha hecho libres"*. (Gálatas 5:1; cursiva agregada)

**3. ¿Qué dicen los siguientes versículos sobre el cuidado de Jesús al someternos?**

| | |
|---|---|
| **Salmos 95:7** | |
| **Isaías 40:11** | |
| **Mateo 11:29** | |
| **Juan 10:10** | |

**4. En su opinión, ¿qué tan extensa debe ser la presentación?** *(Explique su respuesta)* _____
_____
_____
_____

*Perspectiva: La presentación debe ser extensa y completa. Al final, la dirección final de la unidad familiar debe ser la dirección hacia la que conduce el esposo.*

Entonces, sabemos lo que no es la sumisión bíblica . Entonces, ¿qué es *la* sumisión bíblica? Sumisión bíblica de que honrar a Dios es la esposa que ve al esposo como responsable y actúa en consecuencia. Al final, cada esposo y padre dará cuenta de la clase de mayordomos que fueron con sus familias en la tierra.

**5. ¿Cómo podría relacionarse la sumisión con la adoración?** _____
_____
_____
_____

Los esposos deben liderar de una manera que salve y redima a sus familias y las valore como superadas solo por Dios mismo. Y la esposa debe fortalecer a su esposo para que cumpla con ese papel, no trabajando en su contra y esforzándose por someterse de una manera que apoye a su esposo y glorifique a Jesús.

**6. ¿Qué muestran los siguientes versículos acerca de la sumisión?**

| | |
|---|---|
| **Job 22:21** | |
| **Proverbios 3:5-6** | |
| **Filipenses 2:3-4** | |
| **1 Pedro 3:5-6** | |

> *"La sumisión es la voluntad de renunciar a nuestro derecho a nosotros mismos, de renunciar libremente a nuestra insistencia en salirnos con la nuestra todo el tiempo".* **(Myles Munroe)** [2]

## Desafiar

¿CUÁL ES EL PAPEL FAMILIAR QUE DIOS TIENE PARA MÍ? _____
_____
_____


EN UNA ESCALA DEL 1 AL 10, ¿CON QUÉ FRECUENCIA ME SOMETO DE UNA MANERA QUE HONRE A DIOS? (1 ES EL MÁS BAJO, 10 EL MÁS ALTO)
1 --------------------2.5---------------------- 5 -----------------------7.5----------------------10

¿CÓMO PUEDO CRECER EN EL CUMPLIMIENTO DE LA FUNCIÓN QUE DIOS ME HA DADO EN LA FAMILIA? _____
_____
_____

### *Profundizando:*

El Diccionario de Temas Bíblicos define la palabra sumisión de la siguiente manera:

*"[La sumisión es] una actitud humilde en la que la obediencia se presta dentro de una relación; ya sea a Dios, a las autoridades o a otras personas en el trabajo, en la iglesia, en el matrimonio o en la familia".* **3**

## Respuesta más profunda

USE UNA CONCORDANCIA BÍBLICA O UN DICCIONARIO BÍBLICO Y BUSQUE LA PALABRA ENVÍO PARA ESTUDIAR.

*Orar: Pedirle a Dios que me ayude a someterme y confiar en Su soberanía en la dirección de mi familia...*

_____

*Lección escrita por el pastor Frank y Samuel Gervasi*

_____

1. Tomado de *https://sermoncentral.com/sermon-illustrations/9589/losing-control-one-mistake-at-a-time-by-john-williams-iii*, consultado el 20/03/2025.
2. Cita de Myles Munroe, https://www.goodreads.com/quotes/1245817-submission-is-the-willingness-to-give-up-our-right-to#:~:text=Submission%20is%20the%20willingness%20to%20give%20up%20our%20right%20to,own%20way%20all%20the%20time., consultado el 17/04/2025.
3. *Diccionario de Temas Bíblicos*, BibleGateway Plus, *www.biblegateway.com*, consultado el 20/03/2025.
4. Nueva Biblia Internacional, Santa Biblia, Nueva Versión® Internacional, NIV® Copyright ©1973, 1978, 1984, 2011 por Biblica, Inc. ® Usado con permiso. Todos los derechos reservados en todo el mundo.

## Lección 21 – Los esposos lideran en amor

<u>**Versículo para memorizar:**</u> *"Maridos, amad a vuestras mujeres, así como Cristo amó a la iglesia y se entregó a sí mismo por ella".*
*Efesios 5:25, NVI*

## <u>Abierto en oración:</u>

### <u>Introducción:</u>

La idea de que tenemos el cónyuge ideal ha demostrado ser popular en nuestra cultura. Una fuente dijo: *"Entre los adultos jóvenes en los EE. UU., Una encuesta de 2011 encontró que el 73% de los estadounidenses creían en un alma gemela, la idea de que 'dos personas están destinadas a estar juntas', y el 80% de los menores de 30 años adoptan este punto de vista. Sin embargo, para aquellos que buscan un alma gemela, lo que importa son las habilidades emocionales y la capacidad de generar química romántica o sexual. Se supone que estas cualidades ponen a hombres y mujeres en el camino hacia lo que ven como los bienes primarios del matrimonio: intimidad, autoexpresión y autorrealización".* [1]

Lo cual puede ser cierto con muchas variables que pueden hacer el matrimonio ideal. Sin embargo, Dios ha explicado el papel de un esposo, dándole claramente pautas a seguir para cumplir con su papel diseñado en la unidad familiar.

### Leer: *<u>Efesios 5:25-33</u>*

*"Maridos, amad a vuestras mujeres, así como Cristo amó a la iglesia y se entregó a sí mismo por ella, 26 para santificarla, limpiándola en el lavamiento con agua por medio de la palabra, 27 y presentándola a sí mismo como una iglesia radiante, sin mancha ni arruga ni ninguna otra mancha, sino santa e irreprensible. 28 De la misma manera, los esposos deben amar a sus esposas*

*como a sus propios cuerpos. El que ama a su esposa se ama a sí mismo. 29 Después de todo, nadie ha odiado jamás su propio cuerpo, sino que alimenta y cuida su cuerpo, así como Cristo lo hace con la iglesia, 30 porque somos miembros de su cuerpo. 31 "Por eso el hombre dejará a su padre y a su madre y se unirá a su esposa, y los dos serán una sola carne".*
*32 Este es un misterio profundo, pero estoy hablando de Cristo y de la iglesia. 33 Sin embargo, cada uno de ustedes también debe amar a su esposa como él se ama a sí mismo, y la esposa debe respetar a su esposo. (NVI)*

Gran idea: Los *esposos tienen una responsabilidad con sus esposas, tratándolas con cuidado y respeto.*

**1. ¿Qué te viene a la mente cuando escuchas la palabra "amor"? (Explique)** _____

_____

_____

_____

En el devocional de hoy que continúa en nuestro enfoque familiar, descubrimos el papel de un esposo. En Efesios 5, donde el apóstol Pablo da más instrucciones a las familias, se dirige al esposo. El papel del esposo tiene que ver con *la responsabilidad* , una palabra fuerte que da una imagen de compromiso y deliberación.

**2. ¿Qué es lo más importante de lo que has sido responsable y cómo lo manejaste?** _____

_____

_____

Ese compromiso y deliberación se manifiesta en un trato favorable y digno a nuestros cónyuges. El apóstol Pablo no está hablando de perfección, ni diciendo que las parejas no tienen sus diferencias, pero al final el trato es de respeto.

En los versículos 25-27, dice: *"Para los maridos, esto significa amar a sus esposas, así como Cristo amó a la iglesia. Él dio su vida por ella 26 para hacerla santa y limpia, lavada por la purificación de la palabra de Dios. 27 Lo hizo para presentarla a sí mismo como una iglesia gloriosa, sin mancha, ni arruga, ni ninguna otra mancha. En cambio, será santa y sin mancha". (NTV)*

**3. ¿Cómo se ve el amor sacrificial en los siguientes versículos?**

| | |
|---|---|
| **Juan 15:13** | |
| **Romanos 12:9-10** | |
| **1 Juan 3:16** | |
| **1 Juan 4:11** | |

Considere cómo Pablo nos da tres ejemplos diferentes de lo que podría implicar el amor de un esposo por su esposa. Primero, un *amor sacrificial*, y uno que honre a su cónyuge, con un profundo y reverente respeto por ella. Probablemente lo contrario de lo que a veces se ve en nuestra cultura. Quiero decirte que me molesta cuando veo a la gente hablar de sus esposas en un tono negativo, compartiendo cosas degradantes sobre ellas con sus compañeros de trabajo.

He escuchado a personas hablar de sus esposas de manera irrespetuosa, y he pensado, *¿qué estás haciendo?* Es grosero, además de contraproducente para cualquier cosa buena en esa relación matrimonial. Piense en la comparación que se usa del amor de Cristo por la iglesia, haciéndola *"santa, sin mancha e irreprensible"* (v. 26).

---

Perspectiva: *Los esposos deben amar a sus esposas con un amor sacrificial, respetuoso y unificado.*

---

**4. ¿Cuáles son algunas de las cosas que una persona puede necesitar sacrificar por amor a su cónyuge?**

a. _____

b. _____

c. _____

Además, el apóstol Pablo habla de un *amor respetuoso*, porque en el versículo 28, ¡la Biblia dice que está bien amarse a sí mismo! *"De la misma manera, los esposos deben amar a sus esposas como a sus propios cuerpos. El que ama a su esposa se ama a sí mismo. Después de todo, nadie odiaba nunca su propio cuerpo, pero lo alimentan y cuidan su cuerpo".*

Aunque las palabras invocan una motivación egoísta, en realidad es una de mayordomía y cuidado de uno mismo. Y, si somos honestos, todos sabemos cómo cuidar y respetar nuestros propios cuerpos. Entonces, pone las cosas en perspectiva, ¿no?

**5. ¿Cuáles son algunas maneras prácticas en que un esposo podría mostrar amor respetuoso a su esposa?** *(Sea específico)* _____

_____
_____
_____

Finalmente, un *amor unificado* es aquel que trabaja junto con su cónyuge, y ambos están moviendo a la familia en la dirección que es mejor para su familia. Porque en el versículo 31 dice: *"Por eso dejará el hombre a su padre y a su madre, y se unirá a su mujer, y los dos serán una sola carne".*

Este versículo hace referencia cruzada a Génesis 2:24, en el que Dios estaba ordenando el matrimonio en primer lugar. E implica algo importante, no lo que es mejor para tu madre o tu padre, o lo que harían. Es *tu* familia, y debe estar diseñada para que ambos trabajen. Sin embargo, eso no quiere decir que no tengas nada que ver con ellos, o que los padres no puedan dar algunas ideas valiosas. Especialmente porque conocen a sus hijos y lo que podría ayudar. Pero en última instancia, viviendo sus propias vidas, como marido y mujer.

**6. ¿Qué muestran los siguientes versículos acerca de un matrimonio unificado?**

| | |
|---|---|
| **Salmos 133:1** | |
| **Eclesiastés 4:9-12** | |
| **Amós 3:3** | |
| **Mateo 19:4-6** | |

> *"Si estás casado, o soltero con la esperanza de casarte, recuerda esto: todo matrimonio se compone de dos pecadores. El mejor matrimonio es aquel en el que esos pecadores están unidos en su amor a Dios, su compromiso de servirse unos a otros y un espíritu de humildad. A través del matrimonio puedes esperar aprender cuánto sacrificio implica amar a un pecador a través de todos los altibajos de la vida: esta es una imagen de cómo Cristo nos ama".* **(Kerry van der Vinne)[2]**

## Desafiar

¿ESTOY AMANDO A MI ESPOSA DE LA MANERA EN QUE CRISTO LO HIZO CON LA IGLESIA? _____
_____
_____

¿ES MI AMOR POR ELLA SACRIFICADO O EGOÍSTA? ¿RESPETUOSO O DURO? ¿UNIFICADO O DIVIDIDO? _____
_____
_____

¿CÓMO PUEDO AMAR A MI ESPOSA DE LA MANERA EN QUE CRISTO ME AMÓ HOY? ____
_____
_____

## Profundizando:

La **Biblia de Estudio Maxwell de NKJV** define la frase *liderazgo en el hogar* de la siguiente manera: *"Contrariamente a lo que muchos enseñan, el liderazgo en el hogar no se trata de poder o control. Pablo pide sumisión mutua (Efesios 5:21) y llama a los esposos a ser figuras de Cristo (5:23-25). ¿Y cómo dirigió Cristo a la iglesia? Él proveyó, enseñó, lloró, sanó y murió en una cruz. El liderazgo espiritual significa renunciar a uno mismo por otra*

USE UNA CONCORDANCIA BÍBLICA O UN DICCIONARIO BÍBLICO Y BUSQUE LA PALABRA ENVÍO PARA ESTUDIAR.

*persona (5:25). Significa asumir la responsabilidad de la salud y el desarrollo".* **3**

***Orar: Pedirle a Dios que me ayude a mostrar un amor sacrificial, respetuoso y unificado a mi esposa...***

_____

***Lección escrita por el pastor Frank y Samuel Gervasi***

_____

**Obras citadas:**

1. Adaptado de *https://www.preachingtoday.com/illustrations/2024/october/myth-of-perfect-soulmate.html*, consultado el 20/10/2024.
2. Cita de Kerry van der Vinne, *https://egbella.com/2023/04/02/10-christian-quotes-about-marriage/*, consultado el 17/04/2025.
3. *Biblia de liderazgo de Maxwell NKJV.* Copyright © 2002, 2007, 2018 por Maxwell Motivation, Inc., BibleGateway Plus, *www.biblegateway.com*, consultado el 20/03/2025.

# Lección 22 – La parte de los niños

**Versículo para memorizar:** *"Hijos, obedeced a vuestros padres en el Señor, porque esto es justo".* **Efesios 6:1, NVI**

## Introducción:

Cada año, entre el 29 de enero y el 15 de abril, las personas comienzan el tedioso trabajo de presentar sus impuestos. Un componente central de la temporada de impuestos es reclamar exenciones de ciertos cargos. Y algunas de las cosas que la gente ha tratado de reclamar como exenciones de impuestos durante el año pueden ser cómicas desde nuestro punto de vista. *"Por ejemplo, un hombre trató de suavizar el golpe de pagar la boda de su hija invitando a algunos de sus clientes comerciales y descartando la boda como entretenimiento comercial. Otros, en más de una ocasión, han tratado de descartar a su perro o gato como dependiente. Además, una familia construyó un refugio antinuclear cerca de su casa y trató de reclamarlo como medicina preventiva. Obviamente, todas estas afirmaciones fueron denegadas".* 1

En semanas anteriores, hemos discutido los roles familiares de esposas y esposos. Pero algunos de nosotros no somos ninguna de las dos cosas. Tales personas pueden tratar *de eximirse* de las pautas dadas en Efesios 5-6, como una exención de impuestos. Pero aunque todos somos esposos o esposas, todos somos hijos de alguien. Y, por lo tanto, tenemos un papel dado por Dios para honrarlo en nuestras familias.

## Abierto en oración:

Leer: ***Efesios 6:1-4***

*"Hijos, obedeced a vuestros padres en el Señor, porque esto es justo. 2 "Honra a tu padre y a tu madre", que es el primer mandamiento con una promesa, 3 "para que te vaya bien y disfrutes de una larga vida sobre la tierra". 4 Padres, no exasperen a sus hijos; más bien, críelos en la disciplina y la instrucción del Señor". (NVI)*

**Gran idea:** *Los niños tienen la responsabilidad de obedecer a sus padres si quieren la bendición de Dios.*

**1. ¿Cuál fue la regla que tuvo su familia mientras crecía que le costó más obedecer?** *(Sea específico)* _____

_____

_____

_____

En nuestro pasaje de hoy, el apóstol Pablo se dirige a los niños de Éfeso y su papel en una estructura familiar cristiana. Los versículos 1-3 nos dicen: *"Hijos, obedeced a vuestros padres en el Señor, porque esto es justo. 2 "Honra a tu padre y a tu madre", que es el primer mandamiento con una promesa, 3 "para que te vaya bien y disfrutes de una larga vida sobre la tierra".*

**2. ¿Cuál es la diferencia entre obedecer a nuestros padres y honrar a nuestros padres?**

    **a.** _____

    **b.** _____

    **c.** _____

Ahora, sería fácil notar la frase *"Obedece... en el Señor"* (v. 1) e intentar reclamar otra exención. No todos tenemos padres que estén "en el Señor". Algunos de nosotros tenemos padres que no conocen a Dios ni siguen Su Palabra, o que tienen fallas en su estilo de crianza.

Es importante recordar que todos los padres son ordenados por Dios y fueron elegidos por Él para criarnos. Nadie puede elegir a sus familias de origen: ese papel está reservado solo para Dios y Él no comete errores. Debemos obedecer a nuestros padres independientemente de cuál sea su relación con Dios, porque son mayores y más sabios que nosotros. Fueron elegidos soberanamente por Dios para moldearnos en lo que Él quería que fuéramos.

**3. ¿Qué muestran los siguientes versículos acerca de la soberanía de Dios al elegir a nuestros padres?**

| | |
|---|---|
| **Job 42:2** | |
| **Proverbios 16:33** | |
| **Hechos 17:26** | |
| **Romanos 8:28** | |

**4. ¿Por qué nos costaría obedecer y honrar a nuestros padres?**

_____
_____
_____
_____

Finalmente, mire hacia atrás a la promesa que se nos da en el versículo 2 si obedecemos: *"'... puede que te vaya bien y que disfrutes de una larga vida en la tierra'"*. Este versículo (que en realidad es una referencia a Éxodo 20:12) nos muestra que esta es una relación de causa y efecto. Si nos sometemos a la Palabra de Dios y aceptamos el papel que Dios nos ha dado en la familia, obtendremos los mejores resultados.

**5. ¿Cuáles podrían ser los beneficios de obedecer y honrar a nuestros padres?** *(Sea específico)* _____

_____

_____

Cualquiera que sea el papel que Dios nos haya dado en el hogar; podemos estar seguros de que Dios tiene una estructura y un modelo de cómo glorificarlo en ese papel. ¡Y siempre será la mejor manera!

**6. ¿Qué revelan los siguientes versículos acerca de obedecer a nuestros padres?**

| | |
|---|---|
| **Deuteronomio 5:16** | |
| **Proverbios 13:1** | |
| **Colosenses 3:20** | |
| **2 Timoteo 3:1-2** | |

| **Desafiar:** |
|---|
| ¿CUÁL ES EL PAPEL FAMILIAR QUE DIOS TIENE PARA MÍ?_____ _____ _____ <br><br> ¿CÓMO PUEDO CRECER EN EL CUMPLIMIENTO DE ESE ROL? _____ _____ _____ <br><br> ¿CÓMO PUEDO RESPETAR Y HONRAR A MIS PADRES HOY? _____ _____ _____ |

## _Profundizando:_

En conclusión de nuestro enfoque de cuatro lecciones en los roles familiares bíblicos, la Biblia de Estudio de **Teología Bíblica NVI** señala la importancia de que Cristo sea el centro de nuestras familias y proporciona la clave para aplicar estos versículos a nuestras vidas: "_Después de instruir a los creyentes sobre cómo vivir dignamente de su llamado dentro de la_ comunidad de fe (4:17-5:20), Pablo les instruye cómo vivir dentro del hogar. El vínculo entre estas dos secciones es 5:21; la sumisión requerida en las instrucciones del hogar depende de estar "llenos del Espíritu" (5:18; ver nota allí). Estas instrucciones difieren principalmente de los códigos grecorromanos tradicionales al presentar a Cristo como el verdadero jefe de la familia. El orden dentro de estos códigos refleja cómo la familia cristiana debe llevar a cabo la unidad de Cristo sobre todas las cosas (1:10)". **3**

| Respuesta más profunda |
| --- |
| USE UNA BIBLIA Y BUSQUE COLOSENSES 3:18-25. ENUMERE 3 FORMAS EN QUE SON SIMILARES Y 3 FORMAS EN QUE SON DIFERENTES..... |

*Orar: Pedirle a Dios que me ayude a respetar y obedecer a mis padres...*

_____

*Lección escrita por el pastor Frank y Samuel Gervasi*

_____

1. Adaptado de *https://www.turbotax.intuit.com/tax-tips/fun-facts/7-of-the-craziest-illegal-tax-deductions-ever-claimed/L3ZEIWEFZ*, consultado el 20/03/2025.
2. Cita de Susanna Wesley, *https://quotefancy.com/quote/1613728/Susanna-Wesley-The-child-that-never-learns-to-obey-his-parents-in-the-home-will-not-obey*, consultado el 19/04/2025.
3. *Biblia de estudio de teología bíblica NVI*. Copyright © 2019 por Zondervan, BibleGateway Plus, *www.biblegateway.com*, consultado el 20/03/2025.
4. Nueva Biblia Internacional, Santa Biblia, Nueva Versión® Internacional, NIV® Copyright ©1973, 1978, 1984, 2011 por Biblica, Inc. ® Usado con permiso. Todos los derechos reservados en todo el mundo.

## Lección 23 – Prometo #1

---

**Versículo para memorizar:** *"Yo estoy contigo y te cuidaré dondequiera que vayas, y te haré volver a esta tierra. No te dejaré hasta que haya hecho lo que te he prometido".* **Génesis 28:15, NVI**

---

## Abierto en oración:

### Introducción:

*"Una noche de tormenta, una pareja de ancianos entró en el vestíbulo de un pequeño hotel y pidió una habitación. El empleado dijo que estaban llenos, y que probablemente encontrarían que todos los hoteles de la ciudad también lo estaban. Pero no puedo enviar a una buena pareja como tú bajo la lluvia. ¿Estarías dispuesto a dormir en mi habitación?' La pareja dudó, pero el empleado insistió.*

*A la mañana siguiente, cuando el hombre pagó su cuenta, dijo: 'Eres el tipo de hombre que debería administrar el mejor hotel de los Estados Unidos. Algún día te construiré uno'. El empleado sonrió cortésmente. Unos años más tarde, el empleado recibió una carta que contenía un boleto de avión; la carta lo invitaba a visitar Nueva York. Cuando llegó el empleado, su anfitrión lo llevó a la esquina de la 5ª Avenida y la calle 34, donde había un magnífico edificio nuevo. 'Ese', explicó el hombre, 'es el hotel que he construido para que lo administres'".* El anciano no había olvidado la promesa que le había hecho al empleado. *"El nombre del empleado era William Waldorf Astor, y el hotel era el Waldorf-Astoria original".* 1

En la lección de hoy, comenzaremos a estudiar la vida del patriarca Jacob, del libro de Génesis del Antiguo Testamento. Y mientras lo hacemos, comenzaremos a mirar las promesas de Dios.

---

Leer: Génesis ***28:11-15***

*"Cuando llegó a cierto lugar, se detuvo para pasar la noche porque el sol se había puesto. Tomando una de las piedras que había allí, se la puso debajo de la cabeza y se acostó a dormir. 12 Tuvo un sueño en el que vio una escalera apoyada en la tierra, cuya cima llegaba al cielo, y los ángeles de Dios subían y bajaban por ella. 13 Encima de ella estaba el Señor, y dijo: "Yo soy el Señor, el Dios de tu padre Abraham y el Dios de Isaac. Te daré a ti y a tu descendencia la tierra sobre la cual yaces. 14 Tu descendencia será como el polvo de la tierra, y te extenderás hacia el oeste y hacia el este, hacia el norte y hacia el sur. Todos los pueblos de la tierra serán bendecidos a través de ti y tu descendencia. 15 Yo estoy contigo y te cuidaré dondequiera que vayas, y te haré volver a esta tierra. No te dejaré hasta que haya hecho lo que te he prometido"*. **(NVI)**

---

<u>**Gran idea:**</u> *Dios tiene que hacer la promesa primero antes de que podamos reclamarla como nuestra.*

---

**1. ¿Cuáles son algunas de las promesas que la gente suele hacer en la vida cotidiana?** *(Sea específico)* _____
_____
_____
_____

En nuestro pasaje de hoy, vemos una importante promesa de Dios, dada específicamente a Jacob y sus descendientes. Sin embargo, Dios hace promesas a sus hijos a menudo en la vida. Sin embargo, una persona no siempre puede simplemente reclamar cada promesa hecha en las Escrituras a su propia situación. Aunque la gente lo hace a menudo, no es necesariamente algo bueno. Porque algunos son específicos de un grupo o un individuo en las Escrituras con mayor frecuencia, aunque podamos tener cosas comunes que podemos aplicar.

**2. ¿Cuáles son algunas de las promesas que se aplican a nosotros como creyentes?**
a. _____
b. _____
c. _____

En la lectura de hoy, el encuentro y la promesa fueron para Jacob, mientras estaba en su viaje. Sabemos por el texto que se detiene por la noche después de cansarse. Y luego vemos en el versículo 11 *"... que toma una piedra para recostar la cabeza".* Que puede no haber sido el entorno más cómodo. Sin embargo, no olvide que Jacob huyó apresuradamente. A veces parece que Dios elige los momentos en que somos más receptivos a escuchar.

**3. ¿Durante qué temporadas de la vida te encuentras más receptivo a la dirección de Dios?** _____

_____

_____

_____

Además, Jacob se encuentra con Dios en un sueño que cambiaría su vida a partir de ese momento. En el versículo 12 dice: *"Tuvo un sueño en el que vio una escalera apoyada en la tierra, cuya cima llegaba al cielo. Y los ángeles de Dios subían y bajaban sobre ella".*

En este pasaje, debemos ver algunos antecedentes que pueden ayudarnos. Porque lo que estaba sucediendo es que Jacob acababa de huir de su hogar y había corrido para alejarse de su hermano Esaú, temiendo por su vida.

Si conoces la historia, Jacob había hecho algunas cosas deshonestas y engañosas en la vida. De hecho, se le llamaba el *Engañador* (Génesis 25:26), lo cual era característico de su naturaleza en ese momento. Porque había engañado a su hermano Esaú y a su padre Isaac por algunas cosas importantes, a saber, dos: la primogenitura de Esaú y la bendición de Isaac. Estas dos cosas estaban reservadas para el hijo mayor y no para el menor (Génesis 25:28-34). Ahora bien, la primogenitura fue tomada sobre un plato de guiso que Esaú quería y se lo entregó voluntariamente a Jacob, después de regresar de cazar todo el día. Y la bendición de Isaac fue tomada fingiendo ser Esaú y engañando a su anciano padre cuya vista se había dañado (Génesis 27). Y, cuando Esaú se entera de lo que sucedió, se molestó y Jacob huye a Harán para vivir con un tío, lo que nos lleva a nuestra historia actual.

**4. ¿Qué promesas se pueden encontrar en los siguientes versículos?**

| | |
|---|---|
| **Génesis 9:11** | |
| **Josué 9:15** | |

| | |
|---|---|
| 2 Samuel 7:28 | |
| Hechos 13:32-34 | |
| Hebreos 9:15 | |

Dios le hace una poderosa promesa a Jacob, ¿no es así? *"Yo soy el Señor, el Dios de tu padre Abraham y el Dios de Isaac".* Las mismas promesas que hizo antes a ambos individuos, Abraham e Isaac. Y lo estaba reafirmando de nuevo aquí. Y la promesa en sí estaba reservada para sus descendientes porque era una promesa para una tierra específica que todavía se disputa hasta el día de hoy.

Finalmente, Dios hará lo que sea necesario para llamar nuestra atención en la vida. Tal vez, por alguna decisión importante que estamos a punto de tomar. Tal vez, se trata de un nuevo trabajo por el que lo has estado buscando, o una relación en la que te encuentras y no sabes cómo proceder con ella. Si ese es tu objetivo en primer lugar. O tal vez se trata de una nueva área de cambio, y Él realmente quiere llamar tu atención.

*Perspicacia: Si Dios nos ha hecho una promesa, debemos aplicarla a nuestras vidas lo mejor que podamos...*

**5. ¿Cuándo es más necesario que se nos recuerden las promesas de Dios?** *(Sea específico)* _____

_____

_____

Lo que sea que Dios prometa, Él se asegurará de que suceda. Y depende de que Dios lo vea, no nosotros.

**6. ¿Qué muestran los siguientes versículos acerca de la fidelidad de Dios?**

| | |
|---|---|
| **Josué 23:14** | |
| **Lucas 1:37** | |
| **2 Corintios 1:20** | |
| **Hebreos 10:23** | |

> *"Dios siempre permanecerá con nosotros y cumplirá todas sus promesas para nosotros, incluso cuando pasemos por las tormentas de la vida. Cuando nos preguntamos si Él está allí, ¡Él está!"* **(Charles Stanley)**[2]

## Desafiar:

¿CUÁL ES LA PROMESA QUE DIOS TIENE PARA MÍ? _____
_____
_____

¿CÓMO PUEDO APLICARLO MEJOR A MI SITUACIÓN? _____
_____
_____

¿CÓMO PUEDO TENER CONFIANZA EN QUE DIOS SERÁ FIEL PARA CUMPLIRLA? _____
_____
_____

## *Profundizando:*

La **Biblia de Estudio de la Gracia y la Verdad de la NVI** con respecto a Génesis 28:10-17:

"*El autor retrocede para describir una parada particular en el viaje de Jacob de Beersheba a Harran. Aproximadamente dos o tres días después de su viaje, Jacob se detiene en un lugar llamado Luz, ubicado a unas 60 millas de Beerseba. Irónicamente, la primera vez que Jacob realmente se despertará es cuando se vaya a dormir, porque es en la quietud de la inactividad que* escucha a Dios. Este es el segundo sueño en la Biblia en el que alguien experimenta explícitamente una revelación de Dios (cf. 20:3). Jacob sueña con una escalera al cielo por la que los ángeles descienden y ascienden, siguiendo las instrucciones del Señor, que está en la parte superior de la escalera. La escalera se parece más a una rampa que a una escalera, y se asemeja a la estructura de la torre de Babel, que los humanos rebeldes construyeron para unir el cielo con la tierra. En un acto de gracia, Dios mismo le da la promesa abrahámica directamente a Jacob. Dios ahora, por primera vez, se llama a sí mismo no solo el Dios de Abraham, sino también el Dios de Isaac. A pesar de todo, también será el Dios de Jacob. Cuando Jacob se despierta, el asombro lo abruma. Las palabras traducidas como "miedo" y "temible" (28:17) provienen de la misma palabra hebrea que significa temor. Juntos capturan la impresionante experiencia de una criatura que llega a la presencia de su Creador. Jacob responde que este lugar es significativo porque no es otro que la casa de Dios ('Betel') y la puerta del cielo, el lugar donde el cielo y la tierra están unidos. Jesús eventualmente servirá como un puente entre el cielo y la tierra (Jn 1:51), finalmente llevando la historia de la Biblia a la unidad completa (Apocalipsis 21:3)". **3**

| Respuesta más profunda |
| --- |
| USE UN MAPA BÍBLICO Y ENCUENTRE ESTOS LUGARES. ENTONCES ORAMOS AGRADECIENDO A LOS DIOSES POR LAS PROMESAS HECHAS A JACOB Y A NOSOTROS. |

**Orar: Pedirle a Dios que nos ayude a confiar plenamente en Sus promesas siempre...**

_____

**Lección escrita por el pastor Frank y Samuel Gervasi**

_____

1. Adaptado de *www.sermoncentral.com/sermonillustrations/77498/astor-s-promise-by-gordon-curley*, consultado el 27/10/2024.
2. Cita de Charles Stanley, de *Charles Stanley Life Application Bible,* BibleGateway Plus, https://www.biblegateway.com/passage/?search=genesis%2028%3A11-15&version=NIV, consultado el 20/03/2025.
3. *Biblia de la Gracia y la Verdad de la NVI.* BibleGateway Plus, *www.biblegateway.com*, consultado el 20/03/2025.
4. Nueva Biblia Internacional, Santa Biblia, Nueva Versión® Internacional, NIV® Copyright ©1973, 1978, 1984, 2011 por Biblica, Inc. ® Usado con permiso. Todos los derechos reservados en todo el mundo.

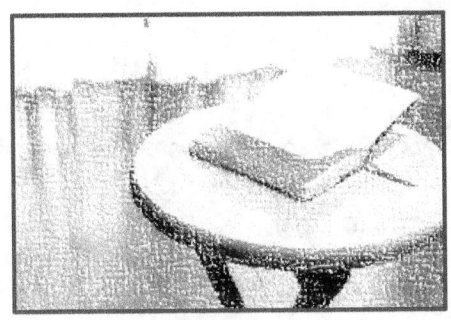

# Lección 24 - Te lo prometo #2

**Versículo para memorizar:** *"Tuvo miedo y dijo: '¡Qué asombroso es este lugar! Esta no es otra que la casa de Dios; esta es la puerta del cielo'".* Génesis 28:17, NVI

## Abierto en oración:

### Introducción:

Hay una historia sobre "una enfermera que vive en el Reino Unido. En el centro de salud donde trabaja hay un paciente con demencia con el que la enfermera almuerza todos los días. El único problema es que siempre tiene miedo de que no vuelva. Que la olvidaré, dijo Elizabeth..... Entonces, un día, Elizabeth le escribió una nota a esta paciente, prometiéndole que recordaría almorzar con ella y no olvidarla. La paciente tomó esta nota y la colocó en su habitación. Y en los días y semanas que siguieron, esta paciente miraba la nota y recordaba la promesa que se hizo si se olvidaba y comenzaba a preocuparse". 1

Recientemente, comenzamos a enfocarnos en la vida de Jacob y en las promesas de Dios para él. Hoy, veremos la importancia de recordar las promesas de Dios, al igual que la anciana que miró la nota y recordó la promesa que se le hizo.

Leer: Génesis *28:13-17*

*"Allí estaba el Señor, y dijo: "Yo soy el Señor, el Dios de tu padre Abraham y el Dios de Isaac. Te daré a ti y a tu descendencia la tierra sobre la cual yaces.*

*14 Tu descendencia será como el polvo de la tierra, y te extenderás hacia el oeste y hacia el este, hacia el norte y hacia el sur. Todos los pueblos de la tierra serán bendecidos a través de ti y tu descendencia. 15 Yo estoy con ustedes y los cuidaré dondequiera que vayan, y los haré volver a esta tierra. No te dejaré hasta que haya hecho lo que te he prometido". 16 Cuando Jacob se despertó de su sueño, pensó: «Ciertamente el Señor está en este lugar, y yo no lo sabía». 17 Tuvo miedo y dijo: «¡Qué asombroso es este lugar! Esta no es otra que la casa de Dios; esta es la puerta del cielo". (NVI)*

---

**Gran idea:** *A veces debemos reflexionar sobre las promesas de Dios para solidificarlas aún más en nuestros corazones.*

---

En los versículos 16 y 17, vemos a Jacob despertar de su visión de la escalera, en la que Dios había prometido bendecir a Jacob y a sus descendientes y estar con él. Y obviamente podemos ver que toda esta secuencia de eventos tiene a Jacob un poco asustado: *"Cuando Jacob se despertó de su sueño, pensó: 'Ciertamente el Señor está en este lugar, y yo no lo sabía'. **Tenía miedo**..."* (Génesis 28:16-17a; énfasis añadido)

1. **¿Cuáles son las razones por las que el miedo puede ser fuerte a veces?** *(Explique)* _____

_____

_____

_____

2. **¿Crees que el miedo y la ansiedad son lo mismo?** *(Explique sus respuestas)* _____

_____

_____

_____

3. ¿Qué revelan los siguientes versículos sobre el temor?

| | |
|---|---|
| **Génesis 20:11** | |
| **Josué 2:9** | |
| **Proverbios 12:25** | |
| **Isaías 43:1** | |
| **1 Pedro 5:6-7** | |

La palabra *miedo* también es interesante y nos llama la atención, porque lleva consigo algunos significados diferentes. Implica una combinación de miedo y alarma, y temor reverencial. Esta combinación nos muestra que Jacob estaba en plena comprensión de que el Dios del universo, y el Dios de sus propios antepasados, le había hablado directamente.

**Perspicacia:** *Dios es omnipresente: siempre está en todas partes, y esto debería llevarnos a estar más asombrados de él y confiar aún más en Él para cumplir Sus promesas para nosotros.*

4. **¿Cuáles son las cosas que hacen que las personas pierdan su temor a Dios?** *(Sea específico)* _____
_____
_____
_____

5. **¿Qué pasos podemos dar para confiar más en Dios?** *(Explique)* _____
_____
_____
_____

Algunas personas han descrito estos versículos como la experiencia de conversión de Jacob, cuando finalmente deja de huir del plan de Dios para su vida y comienza a servir al Señor como su propio Dios.

Casi todos podemos recordar el día de nuestra propia conversión y la forma en que nos hace reflexionar sobre lo que Dios ha hecho y cómo nos ha hablado.

6.  **¿Qué podemos aprender acerca de temer al Señor en los siguientes versículos?**

| | |
|---|---|
| **1 Samuel 12:14** | |
| **1 Samuel 12:24** | |
| **Salmos 33:8-9** | |
| **Hechos 2:5** | |
| **Hechos 10:34-35** | |

Reflexionar y darnos cuenta de quién es Dios nos ayuda a creer en las promesas que hace, y recordar lo que ha hecho en el pasado nos ayuda a seguir creyendo cuando la espera se hace larga. Jacob hizo estas cosas y le ayudó a comprender la promesa que Dios le había dado. Y nosotros deberíamos hacer lo mismo.

_"Saber que Dios es fiel, realmente me ayuda a no dejarme cautivar por la preocupación. Pero sabiendo que Él hará lo que ha dicho. Él hará que suceda, lo que sea que haya prometido, pensando en ello, entonces me involucrará menos en preocuparme por una situación". (Josh McDowell)[2]_

¿EN QUÉ PROMESAS DE DIOS NECESITO REFLEXIONAR? _____
_____
_____

¿QUÉ PROMESAS DEBO RECORDAR? _____
_____
_____

¿QUÉ PROMESAS HA CUMPLIDO DIOS EN MI VIDA? _____
_____
_____

## Profundizando:

La **Guía para el Estudio de la Biblia Wycliffe** define la palabra *promesa* de la siguiente manera: *"Al referirse ocasionalmente a la palabra de un hombre. El uso característico de 'promesa' en las Escrituras se refiere a lo que Dios declara que llevará a cabo... La primera gran promesa de Dios al hombre está en Génesis 3:15 inaugurando la sucesión que, con creciente claridad y detalle hasta la anunciación, habla del Mesías-Libertador venidero. Una amplia gama de promesas está conectada más o menos directamente con esta promesa central, incluyendo el nuevo pacto (Jer 31:31-34), el derramamiento del Espíritu (Joel 2:28 ss.), la restauración de Israel (Deuteronomio 30:1-5) y, en última instancia, los cielos nuevos y la tierra nueva (Is 65:17; 66:22)... El término técnico* **epangelia** *, entonces, designa todo el compromiso misericordioso de Dios, expresado especialmente a Abraham [y transmitido a Jacob], para realizar su obra redentora completa en el Mesías, en quien 'todas las promesas de Dios son sí y amén' (II Corintios 1:20)".* [3]

### Desafío de profundizar

HAZ UNA LISTA DE LAS PROMESAS QUE DIOS HA PROMETIDO CUMPLIR, PERO AÚN NO LO HA HECHO. LUEGO TÚNDELO EN ORACIÓN MOSTRANDO TU ASOMBRO Y REVERENCIA

**Orar:** *Pidiéndole a Dios que me ayude a recordar Sus promesas y solidificarlas en mi mente...*

## *Lección escrita por el pastor Frank y Samuel Gervasi*

1.  Adaptado de https://becauseisaidiwould.org/i-will-come-back-for-lunch/; consultado el 29/10/24.
2.  Josh McDowell, https://www.goodreads.com/author/quotes/4314.Josh_McDowell, consultado el 29/10/2024.
3.  Diccionario bíblico Wycliffe, por Charles F. Pfeiffer, Howard F. Vos y John Rea. Derechos de autor © 1999 por Hendrickson Publishers. Todos los derechos reservados.

## Lección 25 – Las conmemoraciones en contexto

**Versículo para memorizar:** *"Llamó a aquel lugar Betel, aunque la ciudad se llamaba Luz".* Génesis 28:19, NVI

## Abierto en oración:

### Introducción:

"El Cementerio Nacional de Arlington es el cementerio nacional de EE. UU. en el condado de Arlington, Virginia, en el río Potomac, justo enfrente de Washington, D.C. El cementerio ocupa actualmente 612 acres. El primer soldado enterrado (13 de mayo de 1864) en la plantación Lee fue un prisionero confederado que había muerto en un hospital local. Otros sesenta y cuatro soldados también fueron enterrados ese día, incluidos algunos en el jardín de rosas de la finca, y a fines de 1864 más de 7.000 soldados habían sido enterrados. Posteriormente, el cementerio se convirtió en el cementerio de las víctimas de todas las guerras de Estados Unidos desde la Revolución Americana. Soldados y civiles prominentes han sido enterrados en Arlington desde entonces, sirviendo como un monumento para recordarlos. "[1]

Recientemente, comenzamos a enfocarnos en la vida de Jacob y en las promesas de Dios para él. Hoy, veremos la importancia de recordar las promesas de Dios y los encuentros clave que las personas tienen con Él mediante el uso de memoriales.

Leer: Génesis *28:16-19*

*"Cuando Jacob se despertó de su sueño, pensó: 'Ciertamente el Señor está en este lugar, y yo no lo sabía'. 17 Tuvo miedo y dijo: «¡Qué asombroso es este lugar! Esta no es otra que la casa de Dios; esta es la puerta del cielo".*

*18 A la mañana siguiente, Jacob tomó la piedra que había puesto debajo de su cabeza, la erigió como una columna y derramó aceite sobre ella. 19 Llamó a ese lugar Betel, aunque la ciudad se llamaba Luz".* **(NVI)**

<u>Gran idea:</u> *Los recordatorios son útiles, si nos llevan a una apreciación más profunda de Dios mismo.*

Los recordatorios están bien, si nos llevan a una mayor reverencia a Dios y nos acercan más a Él. Porque, en esencia, configurar recordatorios es una forma de conmemorar el evento en sí. Oportunidades para pensar y reproducir el encuentro en nuestras mentes. Y es algo bueno en la mayoría de los casos, si nos lleva a una apreciación más profunda de las promesas *y* de Dios.

1.  **¿Cómo sabes si Dios te está haciendo una promesa?** *(Explique)* _____
    _____
    _____
    _____

Las promesas de Dios nunca contradecirán lo que se dice en la Biblia. Entonces, si alguien cree que Dios le hizo una promesa que no está en la Biblia. ¡Cuestionaría la realidad, siempre!

2.  **¿Qué hace que las promesas de Dios sean tan difíciles de esperar a veces?** *(Sea específico)* _____
    _____
    _____
    _____

En el caso de Jacob, hace un par de cosas importantes pero diferentes, ¿no es así? Mire a partir del versículo 18:

*"A la mañana siguiente, Jacob tomó la piedra debajo de la cual había puesto su cabeza, la erigió como una columna y derramó aceite sobre ella. Llamó a ese lugar Betel, aunque la ciudad solía llamarse Luz".*

3. **En los siguientes versículos, determine qué objetos o prácticas se utilizan como memoriales de una promesa.**

| | |
|---|---|
| **Génesis 9:15-16** | |
| **Éxodo 17:14** | |
| **Números 15:39** | |
| **Deuteronomio 16:3** | |
| **1 Corinthains 11:24-25** | |

Mirando hacia atrás en Génesis, observe cómo Jacob hace tres cosas diferentes para ayudar a recordar también. Primero, usó un puente o corbata, algo que era del evento real, como la *«piedra» (vv.17, 18)* sobre la que recostó su cabeza. Probablemente para que cuando lo viera, pudiera recordarlo aún más claramente, y lo que sucedió ese día.

En segundo lugar, también consagró el lugar, lo que significa que lo apartó y tuvo una mini ceremonia en la que pudo conmemorarlo aún más. Porque Jacob entonces *"derramó aceite encima". (v.18)* Lo que obviamente *no lo estaba* haciendo con fines de oración, sino solo otra forma que le haría recordar más el evento.

4. **¿Qué cosas has seguido recordando eventos en tu vida?** *(Explique)* ___
_____
_____
_____

5. **¿Cómo podemos consagrar nuestra vida a Dios de una manera mayor? (Sea específico)** _____
_____
_____

Luego, por último, cambia el nombre de la ubicación, lo que le estaba dando esa nueva identificación final. Y el nombre mismo *"Betel"* significa *"Casa de Dios". (v. 19),* que permaneció durante muchos años en Israel con ese nombre.

**6. ¿Qué nos muestran los siguientes versículos acerca de cómo ve Dios la idolatría?**

| | |
|---|---|
| **Salmos 4:2** | |
| **Salmos 40:4** | |
| **Jeremías 13:25** | |
| **Jeremías 16:19** | |
| **Amós 2:4** | |

Sin embargo, antes, si te diste cuenta, dije que los monumentos conmemorativos son buenos en *algunos* casos. Sin embargo, no en todos los casos, porque también pueden tener un resultado no deseado, especialmente en lo que se refiere a asuntos de fe. Eso es porque queremos tener cuidado de que no reemplacen a Dios, yendo a Él en oración, o ese tiempo personal a solas. Además, alguien debe tener cuidado de no creer que el monumento tiene algún poder especial en sí mismo. Como una estatua o algo así, porque deberían hacernos apreciar más profundamente el evento o la promesa, pero no reemplazarla.

*"Un placer se desarrolla plenamente solo cuando es recordar. Estás hablando... como si el placer fuera una cosa y la memoria otra. Todo es una sola cosa". (C.S. Lewis)*[2]

¿QUÉ MONUMENTOS SON IMPORTANTES PARA MÍ PARA REFLEXIONAR SOBRE DIOS? __
_____
_____

¿QUÉ MONUMENTOS HAN REEMPLAZADO MI TIEMPO CON DIOS EN EL PASADO? _____
_____
_____

¿A DÓNDE RECURRO EN VIDA CUANDO LAS COSAS SE PONEN ESTRESANTES O
CONFUSAS? _____
_____
_____

## *Profundizando:*

El **Comentario de la Aplicación de la NVI** comenta sobre Génesis 28:12-16
de la siguiente manera: "*Cuando Jacob se despierta, tiene dos respuestas.
(1) Reconoce la naturaleza del lugar, lo que implica tres pasos. (a) Identifica
el carácter sagrado del lugar. Los portales estaban asociados con el espacio
sagrado. Ya se ha señalado que los zigurats, que representan portales, se
construyeron junto a los templos, que demarcaban el espacio sagrado.
Dado que Jacob ha visto un portal aquí, identifica el espacio como espacio
sagrado, una casa de Dios. Esta casa de Dios está en el extremo terrenal del
portal, mientras que el otro extremo del portal es la puerta del cielo.*

*En la literatura mesopotámica, la escalera conducía a la puerta de los
dioses, y Jacob piensa en esos mismos términos. (b) Jacob erige la piedra
como una columna. Los pilares sagrados y los menhires son familiares en el
entorno religioso del mundo antiguo. Los arqueólogos los han encontrado
en una variedad de entornos de culto que datan del cuarto milenio al
primero. Pueden ser naturales o tallados, inscritos o lisos. Los cananeos los
usaban (por ejemplo, en el lugar alto de Gezer), y se encontraron en la
instalación del culto israelita en Arad. La unción del pilar constituye su
dedicación. Algunas de las piedras erguidas que se han encontrado
incluyen cuencas en su base para libaciones.\* Estas piedras a veces se
entienden como los lugares de morada de la deidad (casas de dioses)".* **3**

## Desafío de profundizar

¿EN QUÉ ÉPOCAS DE LA VIDA RECUERDO MÁS DE LA OBRA DE DIOS? HAGA UNA LISTA Y LUEGO DEDIQUE TIEMPO A ORAR AGRADECIÉNDOLE POR SU FIDELIDAD.

**_Ora:_** _Pidiéndole a Dios, que nos ayude a recordar siempre tu bondad para con nosotros..._

_____

**_Lección escrita por el pastor Frank y Samuel Gervasi_**

_____

## Obras citadas:

1. Adaptado de https://www.britannica.com/place/Arlington-National-Cemetery; consultado el 31/10/2024.
2. AZ Quotes, https://www.azquotes.com/quote/381374, consultado el 31/10/2024.
3. Comentario de la aplicación de la NVI, Génesis, John Walton, Zondervan Academic 10/01/2000.

## Lección #26 – Un compromiso propio

<u>**Versículo para memorizar:**</u> *"'... entonces el Señor será mi Dios...'"*
Génesis 28:21b, NVI

## <u>Abierto en oración:</u>

---

### Introducción:

Una de las partes más importantes de una ceremonia de boda es el "Sí, quiero", donde cada uno de los miembros de ese matrimonio promete amar y apoyar al otro como una promesa ante Dios. Para conmemorar este compromiso, los miembros del matrimonio usan un anillo en los dedos, para recordar el compromiso que están asumiendo.

---

En nuestro devocional de hoy, concluimos nuestro enfoque en el encuentro de Jacob con Dios en Betel. Y veremos cómo las promesas que Dios había hecho impulsan a Jacob a responder con una promesa propia.

Leer: Génesis ***28:20-22***

*»Entonces Jacob hizo un voto, diciendo: "Si Dios está conmigo y me cuida en este camino que voy a hacer y me da comida para comer y ropa para vestirme, 21 para que regrese sano y salvo a la casa de mi padre, entonces el Señor será mi Dios, 22 y esta piedra que he erigido como columna será la casa de Dios. y de todo lo que me des, te daré una décima parte'". (NVI)*

---

<u>**Gran idea:**</u> *Las promesas de Dios deben llevarnos al compromiso y la relación.*

---

En el versículo 20, vemos que *"Entonces Jacob hizo un voto...".* En esta resolución, Jacob expresa su deseo de servir a Dios y seguirlo si Dios cuida de Jacob y cumple las promesas que había hecho en la visión. Nuestro pasaje enumera cinco pequeños componentes de esta promesa que Jacob hace ante Dios. Primero, le pide a Dios que lo proveja. Recuerde que Jacob huyó abruptamente de su hogar para escapar de las represalias de su hermano Esaú, por lo que Jacob estaba declarando su dependencia del Señor para satisfacer necesidades como comida y ropa.

1. *¿Cuáles son las razones por las que las personas pueden romper los votos?* (Explique) _____

_____

_____

2. *¿Cuáles son algunos de los votos o compromisos que has hecho con Dios en el pasado?* (Ser detallado)

   un. _____ b. _____

   c. _____ d. _____

   e. _____

Jacob también pide la protección de Dios mientras viajaba solo por el desierto. Posteriormente, Jacob se compromete a servir personalmente a Yahvé como su propio Dios, como vemos en el versículo 21b: *"'... entonces el Señor será mi Dios...'"* (NVI; énfasis añadido). Jacob había visto personalmente la gloria de Dios, y quería tener una relación personal con este Dios de promesas.

3. *¿Qué votos se hacen a Dios en los siguientes versículos?*

| | |
|---|---|
| **Números 6:1-5** | |
| **Jueces 11:29-30** | |
| **1 Samuel 1:11** | |
| **Salmos 66:13-14** | |

Después de que Jacob se compromete con esta relación personal, va un poco más allá, prometiendo no solo recordar la promesa que Dios le había hecho en Betel, sino también dar de sus propios tesoros y recursos como ofrenda a Dios: *"... y de todo lo que me des, te daré una décima parte".* (vers. 22)

---

**Perspicacia:** *Dios desea tener una relación personal con cada persona, para que sean Sus hijos y sean conocidos por Él. Él anhela estar en comunión con aquellos que le temen.*

---

4. **¿Cómo debería hacerme sentir saber que Dios quiere estar en comunión con nosotros?** *(Sea específico)* _____

_____

_____

5. **¿De qué maneras podemos estar en comunión con Dios?** *(Explique)* _

_____

_____

_____

6. **¿Qué nos muestra el siguiente pasaje de las Escrituras acerca del compromiso?**

| | |
|---|---|
| **1 Reyes 8:61** | |
| **1 Reyes 15:14** | |
| **Lucas 9:62** | |
| **Lucas 17:32** | |
| **Hechos de los Apóstoles 14:26** | |

Dios desea que estemos comprometidos con Él y en relación con Él. Y cuando Él nos hace una promesa, debemos sentirnos impulsados a comprometernos con Él a cambio.

Porque Dios es fiel para cumplir cada una de sus promesas.

| Desafiar: |
|---|
| ¿CÓMO RESPONDO CUANDO DIOS ME HACE UNA PROMESA? _____ <br> _____ <br> _____ <br><br> ¿CÓMO PUEDO SERVIRLE Y SEGUIRLO CON GRATITUD HOY? _____ <br> _____ <br> _____ <br><br> ¿CÓMO ES MI COMPROMISO CON EL SEÑOR? _____ <br> _____ <br> _____ <br> _____ <br><br> ¿CÓMO PUEDE SER MEJOR? _____ <br> _____ <br> _____ <br> _____ |

## *Profundizando:*

**Zondervan Illustrated Bible Backgrounds Commentary of the Old Testament** dice: *"Los votos en el mundo antiguo generalmente implicaban una petición hecha a la deidad con la promesa de un regalo a cambio cuando se cumplía la petición. La solicitud a menudo se refería a protección o provisión, y el regalo era típicamente un sacrificio o una donación al santuario de la deidad. Los detalles de este capítulo se ajustan a ese patrón. Dios ha prometido protección, provisión y regreso a la tierra, por lo que Jacob hace de ellos la condición de su regalo ofrecido: un diezmo de todo lo que adquiere durante su ausencia. La riqueza y la posesión en el mundo antiguo no se basaban en el dinero, por lo que Jacob espera ganar rebaños y manadas. Aunque los diezmos a veces podrían ser una forma de impuestos, este diezmo no se impone a Jacob. Los regalos relacionados con los votos generalmente se daban al templo (ya sea por medio de sacrificios o donaciones), pero en este caso tendrá que ser por medio del sacrificio porque las donaciones deben entregarse a los administradores del templo, y aquí no hay un templo formal. Jacob regresa a Betel para cumplir su voto en Génesis 35".* [1]

PROMESAS QUE DIOS TE HA HECHO EN EL PASADO. AGRADÉZCALE EN ORACIÓN POR CÓMO HA PROVISTO...

**_Orar:_ _Pidiéndole a Dios que me cuide y me ayude a servirle considerando Sus promesas..._**

----------

**_Lección escrita por el pastor Frank y Samuel Gervasi_**

----------

**Obras citadas:**

1.  Zondervan Fondos Bíblicos Ilustrados Comentario del Antiguo Testamento, Copyright © 2002.

## Lección 27 - En Foco

**Versículo para memorizar:** *"¿Quieres recuperarte?"* **Juan 5:6, NVI**

## Abierto en oración:

---

### Introducción:

En nuestro devocional de hoy estamos comenzando una mirada a la oración. Y estudiaremos una historia sobre un hombre que necesitaba la sanidad de Dios. Estuvo inválido durante mucho tiempo y había intentado muchas veces hacer lo que algunas personas enfermas estaban acostumbradas a hacer, pero lo pasaron mal. De hecho, veremos algunas actitudes que son comunes, especialmente cuando se trata de cambiar la vida de las personas o superar obstáculos en un área particular de la vida.

---

Leer: *Juan 5:1-15*

*"Algún tiempo después, Jesús subió a Jerusalén para una de las fiestas judías. 2 Ahora bien, hay en Jerusalén, cerca de la Puerta de las Ovejas, un estanque que en arameo se llama Betesda, y que está rodeado por cinco columnatas cubiertas. 3 Aquí yacía un gran número de discapacitados: ciegos, cojos y paralíticos. [4] [b] 5 Uno de los que estaban allí había sido inválido durante treinta y ocho años. 6 Cuando Jesús lo vio acostado y se enteró de que había estado en esta condición durante mucho tiempo, le preguntó: «¿Quieres sanar?» 7 —Señor —respondió el inválido—, no tengo a nadie que me ayude a entrar en el estanque cuando se agita el agua. Mientras trato de entrar, alguien más cae delante de mí". 8 Entonces Jesús le dijo: «¡Levántate! Recoge tu colchoneta y camina". 9 Al instante el hombre fue sanado; Recogió su esterilla y caminó. El día en que esto sucedió fue un día de reposo, 10 y los líderes judíos dijeron al hombre que había sido sanado: "Es sábado; la ley te prohíbe llevar tu estera". 11 Pero él respondió: «El hombre que me sanó me dijo: "Toma tu camilla y anda". 12 Entonces le*

*preguntaron: "¿Quién es este hombre que te dijo que lo recogieras y caminaras?" 13 El hombre que había sido sanado no tenía idea de quién era, porque Jesús se había escabullido entre la multitud que estaba allí. 14 Más tarde, Jesús lo encontró en el templo y le dijo: «Mira, estás bien otra vez. Deja de pecar o te puede pasar algo peor". 15 El hombre se fue y les dijo a los líderes judíos que Jesús era quien lo había sanado.* **(NVI)**

---

**Gran idea:** *Cuando tratamos de superar los obstáculos, debemos orar con enfoque.*

---

Cuando nos enfrentamos a un desafío, debemos entender nuestro obstáculo (vv. 1-4). Lo que significa que si vamos a cambiar de alguna manera, ya sea un gran desafío o uno pequeño, debemos comprender completamente de qué se trata. Ahora, en el caso de la historia, el desafío fue la curación física. Pero también hubo obstáculos que se encuentran en el ámbito mental que vamos a ver. La ubicación en sí se llamaba "Bethesda", dependiendo de su versión. Sin embargo, el versículo 2 dice: *"Ahora bien, hay en Jerusalén, cerca de la Puerta de las Ovejas, un estanque, que en arameo se llama Betesda[a] y que está rodeado por cinco columnatas cubiertas".*

1. **¿Cuáles son los desafíos que pueden surgir cuando se enfrentan a un desafío?**

   *a.* _____  *b.* _____

   *c.* _____  *d.* _____

2. **¿Qué mentalidades pueden interponerse en el camino para superar los desafíos en la vida?** *(Explique)* _____
   _____
   _____

Algunos han sugerido que significa *"Casa de misericordia"* (desconocido). Sin embargo, era uno que Jesús conocía bien, porque era el lugar de la alimentación de los 5000. Además de uno de los discípulos, Phillip era de allí. Pero también, en el versículo 2 mencionan una puerta de ovejas.

Entonces, había compra y venta de ovejas, también un estanque para abrevar ovejas, probablemente también los pastores. Entonces, puedes imaginar un poco los alrededores.

3. **¿Qué muestran los siguientes versículos acerca de la sanación?**

| | |
|---|---|
| **Deuteronomio 32:39** | |
| **2 Reyes 20:5** | |
| **Proverbios 12:18** | |
| **Isaías 57:18-19** | |
| **Jeremías 8:21-22** | |

Sin embargo, también piense en el ambiente que estaba presente, había diferentes obstáculos. Primero, había muchas personas discapacitadas: lo que significa que había personas enfermas tiradas por ahí. De hecho, el versículo 3 dice: *"Un gran número de enfermos"*. Entonces, creo que podría haber sido un entorno un poco deprimente y un poco triste.

4. **¿Crees que tu entorno ha afectado tu fe en que Dios haga lo milagroso en tu vida?** *(Ser detallado)* _____
_____
_____
_____

_____

<u>Perspicacia:</u> *Independientemente del obstáculo. Dios puede traer la victoria. debemos superar las actitudes negativas y mostrar fe confiando plenamente en Él.*

_____

Los diversos niveles de necesidad son oportunidades para mostrar nuestra fe en Dios. En el pasaje de hoy menciona un par más. *"Aquí solía yacer un gran número de personas discapacitadas: ciegos, cojos, paralíticos. 5 Uno de los que estaban allí había sido inválido durante treinta y ocho años.* N

o para minimizar ningún desafío físico, pero los ciegos eran quizás los menos dependientes de los demás. Porque todavía pueden caminar y hacer algunas cosas por sí mismos.

**5. ¿Cuál es el papel de Dios en las curaciones de los siguientes pasajes?**

| | |
|---|---|
| Mateo 4:23 | |
| Lucas 6:17-19 | |
| Lucas 9:1-6 | |
| Hechos 10:37-38 | |
| Santiago 5:14-15 | |
| Apocalipsis 22:1-3 | |

Sin embargo, el cojo puede haber sido solo una o dos partes del cuerpo que no funcionaban. Sin embargo, los paralíticos eran probablemente los peores de ellos porque esto puede haber sido de naturaleza total. Además, la duración de la necesidad era larga porque el versículo 5 dice: *"había estado inválido durante treinta y ocho años".*

**6. ¿Cree usted que Dios puede sanar hoy?** *(Explique)* _____

_____
_____
_____

Algunas escuelas de pensamiento se centran en que la sanidad realizada en el Nuevo Testamento es solo para la formación de la iglesia. Sin embargo, Dios todavía sana hoy en día de muchas maneras y circunstancias. El resultado siempre depende de Él. Además, la profesión médica ha tenido una mala reputación. Y Dios a veces lo hace para sanar a través de métodos tradicionales como un médico. Dios es el que da a los médicos y científicos la sabiduría y la habilidad para poder diagnosticar correctamente. Entonces, sigue siendo Dios quien hace la sanidad si Él elige de esa manera. La fe en Dios nunca será defraudada en Su voluntad específica para nuestras vidas.

Independientemente de cuán grandes o difíciles sean nuestros desafíos en la vida; debemos mantenernos enfocados porque Dios es capaz y podemos confiar plenamente en Él.

| Desafiar: |
|---|
| ¿CÓMO ABORDAMOS LOS DESAFÍOS DE LA VIDA? _____ _____ _____ |
| ¿ORAMOS CON ENFOQUE O NO? _____ _____ _____ |
| ¿EN QUÉ ÁREAS HEMOS DUDADO DE QUE DIOS PUDIERA OBRAR? *(FÍSICO O NO)* _____ _____ _____ |

## *Profundizando:*

**Zondervan Illustrated Bible Backgrounds El comentario del Antiguo Testamento** dice: *"Un estanque [...] llamada Betesda (5:2). Los baños públicos eran estándar en las ciudades grecorromanas, y la gente se congregaba allí. Un pergamino de Qumrán atestigua el nombre de este estanque (3Q15 11.12-13), y los arqueólogos han descubierto un estanque en este lugar que se ajusta precisamente a esta descripción. Aunque no todos los eruditos están de acuerdo con el sitio de Betesda (o su ortografía exacta), muchos favorecen un sitio debajo de la Iglesia de Santa Ana en Jerusalén, justo al norte-noreste del templo. Las piscinas eran bastante grandes (como un campo de fútbol) y tenían aproximadamente veinte pies de profundidad. Este sitio tenía dos piscinas gemelas, rodeadas por cuatro porches o pórticos, y un porche (un quinto) en el medio que separaba las piscinas (quizás separando los géneros). Aunque Juan escribe después de que Jerusalén fuera destruida en el año 70 d.C., su recuerdo del sitio es exacto".* [1]

HAZ UNA LISTA DE ÁREAS EN LAS QUE NECESITAS QUE DIOS HAGA LO SOBRENATURAL. LUEGO TRAE ESAS COSAS ANTE ÉL EN ORACIÓN.

**Orar:** *Pedirle a Dios que nos dé enfoque y comprensión que pueda ayudarnos a tener fe cuando oramos...*

---

*Lección escrita por el pastor Frank y Samuel Gervasi*

---

## Obras citadas:

1. Zondervan Comentarios ilustrados sobre los antecedentes bíblicos del Antiguo Testamento, derechos de autor © 2002.

## Lección 28 – Las semillas que estamos plantando

**Versículo para memorizar:** *"Es correcto que me sienta así por todos ustedes, ya que los tengo en mi corazón y, ya sea que esté encadenado o defendiendo y confirmando el evangelio, todos ustedes comparten conmigo la gracia de Dios".* **Filipenses 1:7, NVI**

### Abierto en oración:

---

### Introducción:

Cuando un niño llegó a casa de la escuela un día, encontró la camioneta de un vecino estacionada en el jardín de su familia. Aparentemente, el padre del niño le había dicho al vecino que podía tener los tallos de maíz como forraje. Entonces, el joven se metió en la cama del jardín y ayudó a arrancar los tallos de raíz mientras los arrojaba a la caja del camión. Cuando terminaron, toda el área parecía haber sido preparada a propósito para plantar. Entonces, el niño fue a buscar una bolsa de maní que su abuela le había dado. Los espació hacia arriba y hacia abajo de las filas y se quedó sin maní justo cuando se quedó sin filas. Todo parecía perfecto. Sin embargo, no fue hasta después de una nalgada completa por parte de su padre que le quedó claro que la cama vacía no era para los cacahuetes que había plantado. El padre lo había destinado a algún otro vegetal, pero muy pronto, esa parcela de jardín llena de cacahuetes floreció. El rendimiento produjo un catre militar lleno de cacahuetes para secar.

---

Leer: ***Filipenses 1:1-11***

*"Pablo y Timoteo, siervos de Cristo Jesús, a todo el pueblo santo de Dios en Cristo Jesús en Filipos, junto con los obispos y diáconos: 2 Gracia y paz a vosotros de parte de Dios nuestro Padre y del Señor Jesucristo. 3 Doy gracias a mi Dios cada vez que me acuerdo de ti. 4 En todas mis oraciones por todos ustedes, siempre ruego con gozo 5 por su participación en el evangelio desde el primer día hasta*

*ahora, 6 confiando en esto, que el que comenzó en ustedes la buena obra, la perfeccionará hasta el día de Cristo Jesús. 7 Es justo que yo sienta lo mismo por todos ustedes, ya que los tengo en mi corazón y, ya sea que esté encadenado o defendiendo y confirmando el evangelio, todos ustedes comparten conmigo la gracia de Dios. 8 Dios puede dar testimonio de cuánto los anhelo a todos ustedes con el afecto de Cristo Jesús. 9 Y esta es mi oración: que vuestro amor abunde más y más en conocimiento y profundidad de entendimiento, 10 para que podáis discernir lo que es mejor, y seáis puros e irreprensibles para el día de Cristo, 11 llenos del fruto de justicia que viene por medio de Jesucristo, para gloria y alabanza de Dios. (NVI)*

---

**Gran idea:** *Conocer a Jesús y vivir para Él produce buenos frutos que glorifican a Dios y edifican a los demás.*

---

Puede que no estemos plantando maní en estos días, pero todos estamos plantando semillas que produzcan frutos en el futuro. Escuché a una persona decir esto: "Que lo que somos por dentro, siempre se mostrará por fuera".

**1. ¿Qué tipos de frutas cree que son consistentes con la vida bíblica?**
*(Sea específico)* _____

_____

_____

_____

**2. ¿Qué tipos de frutos espirituales has visto producidos en tu vida?**

a. _____  b. _____

c. _____  d. _____

La iglesia de Filipos fue elogiada por el apóstol Pablo por el fruto que estaban produciendo sus vidas, en dos áreas principales.

Por un lado, los elogió por ayudarlo a compartir el Evangelio con otros, usando la frase *"... tu colaboración en el Evangelio..."* en el versículo 5.

Me gusta eso porque muestra una mentalidad que se da cuenta de que una iglesia crece cuando todo el cuerpo de la iglesia asume la responsabilidad de llevar a otros las Buenas Nuevas. Y si lo piensas, fueron fieles al hacer esto, porque también usa la frase "desde el principio". Lo que implica que su fidelidad al compartir el Evangelio fue durante un amplio período.

**3. ¿Qué revelan los siguientes versículos acerca de la perseverancia en asuntos de fe?**

| | |
|---|---|
| **Gálatas 6:9** | |
| **2 Tesalonicenses 1:4** | |
| **2 Tesalonicenses 3:5** | |
| **Hebreos 12:1-2** | |
| **Santiago 1:2-4** | |

*"Cuanto más profundos son nuestros problemas, más fuerte es nuestro agradecimiento a Dios, quien nos ha guiado a través de todos ellos y nos ha preservado hasta hoy." – (Charles Spurgeon)* [1]

**4. ¿Cuáles son las razones por las que la perseverancia puede ser importante en la vida cristiana?** *(Sea específico)* _____
_____
_____

La iglesia de Filipos también fue elogiada por su generosidad. Estaban dispuestos a usar sus recursos financieros que Dios les había confiado para promover la obra de Dios.

La iglesia de Filipos había enviado previamente regalos a la iglesia perseguida en Jerusalén y había apoyado a misioneros como Timoteo y Epafrodito. Todas estas cosas mostraban su generosidad.

**Perspectiva:** *Vivir la vida en obediencia a los mandamientos de Dios es la mejor manera de crear un impacto duradero en este mundo. Como creyentes, naturalmente comenzamos a producir "el fruto de la justicia" porque Cristo vive en nosotros. Pero a menudo tenemos que elegir obedecer a Dios y vivir nuestra fe.*

**5. ¿Qué nos enseñan también los siguientes versículos acerca de la generosidad?**

| | |
|---|---|
| **Proverbios 19:17** | |
| **Lucas 6:38** | |
| **Lucas 21:1-4** | |
| **Hebreos 13:16** | |

El apóstol Pablo respondió a este fruto que la iglesia había demostrado primero agradeciendo a Dios por ellos. No solo de pasada, sino "cada vez que me acuerdo de ustedes" (v. 3) y "por todos ustedes". (vers. 4) Y finalmente, oró para que *"... su amor abundaría más y más en conocimiento y profundidad de perspicacia..."* (v. 9) La iglesia de Filipos había producido buenos frutos, pero. También había espacio para el crecimiento. Incluso para nosotros hoy, no importa cuánto tiempo hayamos sido cristianos o cuánto hayamos crecido en el pasado, ninguno de nosotros llegará. Todos necesitamos seguir creciendo y volviéndonos más como Jesús. Pablo estaba orando para que Cristo continuara obrando en su vida. Y al final, traerían gloria a Dios, todo porque estaban encontrando su identidad en Él y produciendo el *"fruto de justicia que viene por medio de Jesucristo para gloria y alabanza de Dios".* (vers. 11)

---

*Los agricultores no plantan semillas de tomate y esperan pepinos...*

---

*"En las Escrituras, la palabra 'semilla' se usa literalmente para referirse al organismo vegetal esencial que permite a la especie reproducirse (Génesis 1:11)...*

*También se usa de muchas maneras figurativas: de la descendencia humana, los descendientes y la progenie (Génesis 3:15, 13:15); de "la palabra del reino" (Mt 13, 3-23); de "los hijos del reino de los cielos" (Mt 13, 38); de 'la palabra de Dios' (Lc. 8:11; 1 Pt. 1:23); y del 'reino de los cielos' mismo (Mt. 13:31-32)".* **número arábigo**

| Desafiar: |
|---|
| ¿QUÉ FRUTO ESTÁ PRODUCIENDO MI VIDA? _____ _____ _____ |
| ¿TRAE GLORIA Y ALABANZA A DIOS O NO? _____ _____ _____ |
| ¿CÓMO PUEDO SEGUIR CRECIENDO EN MI CAMINAR CON CRISTO? _____ _____ _____ |

## Profundizando:

*En la oración del apóstol Pablo en el versículo 9, ora para que el amor de los filipenses abunde "**más y más**". Esta frase nos da una imagen de un paso encima de otro y encima de otro. Lo que nos muestra esto: **la santificación no siempre es instantánea**. Posicionalmente, somos "santificados" y lavados en el momento en que aceptamos a Cristo. Pero el "cómo" real y la aplicación es un proceso. A veces son 2 pasos hacia adelante y 1 paso hacia atrás. ¡A veces es 1 paso adelante y 2 pasos atrás! Pero debemos recordar que somos un trabajo en progreso. Cristo todavía está trabajando en nuestras vidas para hacernos más como Él. Consuélese hoy que, "... el que comenzó en vosotros la buena obra, la perfeccionará hasta el día de Cristo Jesús." (vers. 6)*

TOME UNA HOJA DE PAPEL Y HAGA UNA LISTA DE LAS ÁREAS EN LAS QUE HA CRECIDO EN SANTIFICACIÓN DESDE QUE VINO A CRISTO. AHORA CONVIERTA LA LISTA EN UNA ORACIÓN DE AGRADECIMIENTO A DIOS...

<u>Orar:</u> *Pidiendo a Dios que continúe su buena obra en mí, para que pueda dar fruto agradable a Él...*

---

*Lección escrita por el pastor Frank y Samuel Gervasi*

---

**Obras citadas:**

1.  Charles Spurgeon Quotes,
    https://www.princeofpreachers.org/quotes/category/perseverance-of-the-saints,
    consultado el 18/04/2025.
2.  Diccionario Bíblico Wycliffe, pág. 1543, Charles F. Pfeiffer, Howard F. Vos, John Rea

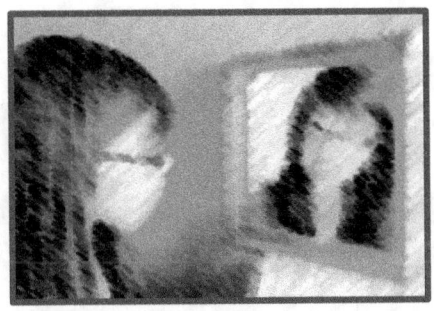

## Lección 29 – ¿Quién es la persona en el espejo?

<u>**Versículo para memorizar:**</u> *"Cualquiera que escucha la palabra pero no hace lo que dice es como alguien que se mira a la cara en un espejo y, después de mirarse a sí mismo, se va e inmediatamente olvida cómo es".* Santiago 1:23-24, NVI

## <u>Abierto en oración:</u>

---

### <u>Introducción:</u>

Warren Wiersbe cuenta en su libro *Be Free* el hecho de que los pastores y ministros jóvenes visitaban a menudo al gran predicador británico G. Campbell Morgan. A menudo le preguntaban el secreto de su éxito. Porque se decía que tenía una fe cristiana genuina y sólida. Se dijo que Morgan respondió: "Siempre les digo lo mismo: trabajo; trabajo duro; y de nuevo, ¡trabajo!" 1 Y Morgan estuvo a la altura de su propio consejo. Estaba en su estudio todas las mañanas a las 6 en punto, encontrando ricos tesoros de su Biblia para pasárselos al pueblo de Dios.

---

### Leer: *<u>Santiago 1:19-27</u>*

*«Mis queridos hermanos y hermanas, tomen nota de esto: Todos deben ser prontos para escuchar, lentos para hablar y lentos para enojarse, 20 porque la ira humana no produce la justicia que Dios desea. 21 Por lo tanto, desháganse de toda inmundicia moral y del mal que tanto prevalece y acepten humildemente la palabra plantada en ustedes, la cual puede salvarlos. 22 No se limiten a escuchar la palabra y engañarse a sí mismos. Haz lo que dice. 23 El que escucha la palabra pero no hace lo que dice, es como alguien que se mira a la cara en un espejo 24 y, después de mirarse a sí mismo, se va y al instante se olvida de su aspecto. 25 Pero el que mira atentamente a la ley perfecta que da libertad y permanece en*

*ella, sin olvidar lo que ha oído, sino haciéndolo, será bienaventurado en lo que hace.*

*26 Los que se consideran religiosos, pero no tienen rienda suelta a su lengua, se engañan a sí mismos, y su religión es inútil. 27 La religión que Dios nuestro Padre acepta como pura e irreprensible es esta: cuidar de los huérfanos y de las viudas en su aflicción, y guardarse de ser contaminado por el mundo. (NVI)*

---

Gran idea:   *Practicar los mandamientos bíblicos es para todos los creyentes y debe practicarse para que cada persona pueda crecer, evitando la hipocresía.*

---

Dios quiere que nos esforcemos por crecer siempre practicando los principios bíblicos y aplicándolos a nuestras vidas. *"Hermanos y hermanas" (v. 19)* eran términos que estaban reservados para los seguidores de Cristo. A veces la gente quiere decir que Dios nos hará crecer a medida que lo busquemos. Y eso es cierto, pero eso nunca debe usarse como una excusa para NO intentar, presionar, esforzarse e intentar deliberadamente convertirnos en un creyente maduro en Jesucristo, especialmente en las áreas en las que podemos. Ahora, por supuesto, las áreas que son difíciles para nosotros específicamente, requerirán la ayuda de Dios a través del Espíritu Santo y la oración.

**1. ¿Qué mandamientos de la Biblia cree que son los más difíciles de seguir?** *(Explique)* _____

_____

_____

_____

**2. ¿Cuáles son los comandos más fáciles de seguir?** *(Da tu razonamiento)*

_____

_____

_____

_____

James enumera varias áreas diferentes en las que se muestra una vida madura. Por ejemplo, ser un buen oyente *"Todos deben ser rápidos para escuchar y lentos para hablar".* (versículo 19.) También enumera el control de nuestro temperamento, *"lento para enojarse".* (versículo 19.) Además de evitar el comportamiento malvado , *"deshazte, pues, de toda inmundicia moral y del mal que tanto prevalece"* (v. 21).

Todas las formas que son características de una persona que es madura en la fe.

**3. ¿Qué enseñan los siguientes versículos acerca de la madurez en la vida cristiana?**

| | |
|---|---|
| **Lucas 8:14** | |
| **Efesios 4:11-13** | |
| **Colosenses 1:28** | |
| **Hebreos 5:12-14** | |
| **Santiago 1:4-5** | |

Las razones pueden ser muchas por las que no experimentamos lo mejor de Dios en la vida. A veces, la mentalidad puede parecer *que ya no podemos crecer o no darnos cuenta cuando no lo hacemos* debido a la ignorancia personal. Otras veces puede ser *agotador hacer* el bien cuando tantos a nuestro alrededor pueden estar haciendo lo contrario. Sin embargo, independientemente de por qué, podemos estar seguros de que Dios no quiere que evitemos deliberadamente la santidad y mostremos externamente a los demás algo diferente.

**4. ¿Qué mentalidades has permitido que obstaculicen tu fe en el pasado?** *(Sea específico)* _____

_____
_____
_____

La hipocresía siempre fue desalentada por Cristo. El estilo de escritura de James fue considerado *en tu cara por algunos.* Sin embargo, puede haber sido porque quería que los cristianos practicaran lo que estaban aprendiendo. Lo que se puede ver de varias maneras en las interacciones cotidianas.

**Perspicacia:** *Aprender los mandamientos de Dios debe aprenderse y aplicarse siempre, para que podamos experimentar lo mejor de Dios. También debemos evitar las mentalidades que obstaculizan nuestro camino de fe.*

**5. ¿Cómo se ve la hipocresía en los siguientes versículos?**

| | |
|---|---|
| **Mateo 6:2** | |
| **Mateo 7:4-6** | |
| **Mateo 22:18** | |
| **Marcos 7:5-8** | |
| **Lucas 13:14-17** | |

Santiago también desafía a otros si estaban viviendo su fe de maneras tangibles como el habla (v. 26), ayudando a los menos afortunados (v. 27) y manteniendo un enfoque adecuado (v. 27) cuando dice: *"para evitar ser contaminado por el mundo".*

Una declaración popular sobre cómo un cristiano puede reconciliar las diferencias en cómo debemos vivir bíblicamente y la cultura que nos rodea es:

*¡Estar en el mundo pero no ser de él!   (Desconocido)*

¿QUÉ VEO CUANDO ME MIRO A MÍ MISMO? _____

_____

_____

¿MI VIDA SE ALINEA CON LA FORMA EN QUE LAS ESCRITURAS ME ENSEÑAN O NO? ___

_____

_____

¿CÓMO PUEDO SEGUIR CRECIENDO EN LA FE? _____

_____

_____

## *Profundizando:*

Los antiguos escritores bíblicos a veces comparaban el crecimiento con objetos cotidianos con los que la gente estaba familiarizada. Sin embargo, su uso o comparación con un hombre que se miraba en el espejo y olvidaba cómo se veía era poderoso. La *Biblia de Estudio de Antecedentes Culturales de la NVI* dice: *"Algunos maestros morales recomendaron el uso de un espejo para la reflexión moral. Los espejos antiguos rara vez producían las imágenes más precisas disponibles en la actualidad". 2 Si* eso es cierto acerca de la calidad de los espejos en los tiempos bíblicos, entonces Santiago posiblemente esté mostrando la falla de compromiso de recordar los mandamientos bíblicos lo suficiente como para aplicarlos. Podemos suponer que si queremos crecer en la fe, será necesario que nos esforcemos para tener éxito.

## Respuesta más profunda:

DESCRIBE LO QUE CREES QUE LA GENTE VE CUANDO MIRA TU FE. SEA HONESTO Y JUSTO EN SU EVALUACIÓN... LUEGO ENCOMIENDA LAS ÁREAS QUE NECESITAN TRABAJO A DIOS ...

*Orar: Pedirle a Dios que continúe Su obra en las áreas de mi vida, para que mi fe se viva...*

_____

### Lección escrita por el pastor Frank y Samuel Gervasi

1. Sé libre, Chariot Victor Publishing, derechos de autor 1975.
2. Biblia de estudio de los antecedentes culturales de la NVI, Zondervan, Copyright 2016

Lección 30 - **Un reinado eterno**

**Versículo para memorizar:** *"El Señor reinará para siempre. Él será tu Dios, oh Jerusalén, por generaciones. ¡Alabado sea el Señor!"*
**Salmo 146:10, NTV**

**Abierto en oración:**

---

### Introducción:

Un soberano de oro es un tipo de moneda acuñada en el Reino Unido, principalmente entre los años 1817-1914. La moneda presenta en su anverso la imagen de San Jorge (un soldado romano en la mitología inglesa) a caballo, clavando su lanza en un dragón y salvando a otros del peligro.[1] ¡Algunos soberanos de oro están valorados en 376 dólares![número arábigo]

Sin embargo, la palabra *soberano* significa más que un tipo de lingote británico obsoleto. Soberano también sirve como adjetivo, que significa *autoridad* y *jurisdicción*. Debido a que un rey tiene autoridad y tiene el control de su reino y sus ciudadanos, ese rey es soberano. Pero incluso los jefes de estado más poderosos no pueden comenzar a compararse con la autoridad y el poder incomparables de nuestro Rey Celestial. Y veremos cómo esa verdad nos da amplias razones para estar agradecidos en estas vacaciones de Acción de Gracias.

---

Leer: **Salmo 146:10**

*"Alabado sea el Señor. [a] Alaba al Señor, alma mía. 2 Alabaré al Señor toda mi vida; Cantaré alabanzas a mi Dios mientras viva. 3 No confíes en los príncipes, en los seres humanos, que no pueden salvar. 4 Cuando su espíritu se va, vuelven a la tierra; Ese mismo día sus planes se quedan en nada. 5 Bienaventurados aquellos cuya ayuda es el Dios de Jacob, cuya esperanza está en el Señor su Dios. 6 Él es el Creador del cielo y de la tierra, del mar y de todo lo*

*que hay en ellos, y permanece fiel para siempre. 7 Él defiende la causa de los oprimidos y da de comer a los hambrientos. El Señor libera a los prisioneros, 8 El Señor da la vista a los ciegos, el Señor levanta a los encorvados, el Señor ama a los justos. 9 El Señor vela por el extranjero y sostiene al huérfano y a la viuda, pero frustra los caminos de los impíos.10 El Señor reina para siempre, tu Dios, oh Sión, por todas las generaciones. Alabado sea el Señor".* **(NVI)**

En nuestro pasaje, vemos cómo el gobierno soberano de Dios difiere del de los diplomáticos humanos. Mientras que cada gobernante humano tiene un fin para su reinado, por un medio u otro, ¡Yahvé es un Rey que nunca será removido de Su trono! Mira el versículo 10: *"El Señor reinará para siempre. Él será tu Dios, oh Jerusalén, por generaciones".* **(NTV)**

---

<u>Gran idea:</u> *Debido a que Dios es soberano para siempre, es digno de nuestra alabanza.*

---

**1. ¿Cómo te hace sentir Dios reinando supremamente?** *(Explique su respuesta)* _____
_____
_____

**2. ¿Cómo definiría la soberanía de Dios?** *(Use un diccionario si es necesario)* _____
_____
_____
_____

El versículo 10 destaca la razón más grande para estar agradecido: que Dios tiene perfecto control sobre todo, desde la prueba más grande hasta la bendición más rica. ¡Y su autoridad soberana se extiende incluso hasta los detalles más pequeños de nuestras vidas!

### 3. ¿Qué muestran los siguientes versículos acerca de Dios?

| | |
|---|---|
| **Deuteronomio 33:27:** | |
| **1 Crónicas 16:36:** | |
| **1 Crónicas 29:10:** | |
| **Nehemías 9:5:** | |
| **Salmo 41:13:** | |

David cierra nuestro Salmo lanzando una exclamación final: *"¡Alabado sea el Señor!"* (v. 10b, NTV) El salmista entendió que Dios tenía el control, y eso lo llevó a darle a Dios la alabanza de la que era digno. Lo mismo debería ser cierto para nosotros, todos los días de nuestras vidas, pero especialmente hoy. ¡Porque Dios lo ha hecho!

**4. ¿Qué hay de Dios que te hace agradecido?** *(Sea específico)* _____
_____
_____
_____

**5. ¿Cuáles son las diferentes formas en que podemos alabar a Dios?** *(Sé creativo)*

*a.* _____    *b.* _____
*c.* _____    *d.* _____

Afortunadamente para nosotros, ese no es el caso. Dios reina en soberanía y tiene el control perfecto de todo el universo.

¡Que seamos un pueblo tan agradecido, que alabemos el nombre de Jesús para siempre!

*"Si hay una sola molécula en este universo suelta, totalmente libre de la soberanía de Dios, entonces no tenemos garantía de que una sola promesa de Dios se cumpla alguna vez". (R.C. Sproul)* [3]

| Desafiar: |
|---|
| ¿ESTOY AGRADECIDO HOY? _____ <br> _____ <br> _____ <br><br> ¿POR QUÉ NECESITO AGRADECER A DIOS? _____ <br> _____ <br> _____ <br><br> ¿CALIFICA TU ACTITUD CON RESPECTO A LA GRATITUD? (1-10) (EXPLICAR) _____ <br> _____ <br> _____ |

## Profundizando:

¿No es una gran noticia, no solo que Dios siempre reinará en el trono, sino que como Sus hijos justificados por medio de Cristo, reinaremos con Él en la gloria futura? En la **Biblia de Estudio Wiersbe de la NKJV,** Warren Wiersbe dice esto con respecto al Salmo 146:10:

*"Reinamos en la vida mientras, por fe, recurrimos a nuestros recursos espirituales en Cristo y junto con Él tomamos decisiones y ejercemos el ministerio. No necesitamos esperar a que venga el reino para comenzar a reinar con Cristo (Mateo 19:28; Apocalipsis 22:5), porque la gracia de Dios está reinando ahora (Romanos 5:20, 21), y podemos reinar con Cristo hoy (Romanos 5:21). Entonces podemos tener una vida de alabar a Dios, confiar en Dios y amar a Dios, una vida que glorificará a Dios".*

| Desafío de profundizar |
|---|
| HAZ UNA LISTA COMPLETA DE GRATITUD. LUEGO AGRADEZCA A DIOS VERBALMENTE POR TODAS LAS FORMAS EN QUE ÉL ES DIGNO DE NUESTRA ALABANZA... |

**_Orar:_** _Agradeciendo a Dios por reinar en poder y autoridad, y por tener el control de todas las cosas..._

_____

**_Lección escrita por el pastor Frank y Samuel Gervasi_**

_____

## Obras citadas:

1. Adaptado de https://www.chards.co.uk/guides/tails-the-designs-on-the-reverse-of-british-sovereigns/156, consultado el 26/11/2024.
2. Adaptado de https://www.bullionbypost.com/index/sovereign-guide/what-is-the-face-value-of-a-sovereign/, consultado el 26/11/2024.
3. R.C. Sproul, tomado de _Elegidos por Dios: Conoce el Plan Perfecto de Dios para Su Gloria y Sus Hijos_.
4. Derechos de autor © 2021 por Thomas Nelson. como se accede en Bible Gateway Plus, el 27/11/2024. Todos los derechos reservados.

www.ingramcontent.com/pod-product-compliance
Lightning Source LLC
Chambersburg PA
CBHW080903120626
46555CB00008B/2935